글 김은빈

어린이를 위한 역사, 교양, 상식책을 쓰는 작가입니다. 지은 책으로는 《한눈에 쏙쏙! 세계의 인물 100》,
《두뇌를 깨우는 수수께끼 250》, 《특종! 70명으로 읽는 한국사》 등이 있습니다.

인포그래픽 그림 서계원

현재 그래픽 디자인 스튜디오 epigram을 운영하고 있는 그래픽 디자이너이자 일러스트레이터입니다. 출판, 웹, 광고 등
다양한 매체에서 시각적 즐거움을 주는 그래픽 작업을 하고 있습니다.

스토리텔링 그림 이진우

어린이들을 위한 다양한 작품을 그리고 있습니다. 그린 책으로는 《역사 속 우리 법 이야기》, 《바른 가치관》,
《역사를 바꾼 도전의 힘》, 《물고기 소년 과학자 되다》 등이 있습니다.

감수 노인환

한국학중앙연구원 한국학대학원에서 문학박사(고문서학) 과정을 마쳤으며 현재 한국학중앙연구원 장서각에서
전임연구원으로 일하고 있습니다.

스토리 + 그래픽

교과서 한국 인물

초판 1쇄 발행 2015년 3월 30일
1판 8쇄 발행 2020년 11월 16일

글 김은빈 | **그림** 서계원 이진우 | **감수** 노인환(한국학중앙연구원)
펴낸이 박수완 | **디자인** 남미송 | **제작** 이현애
사진 제공 국립중앙박물관, 독립기념관, 문화재청, 행정자치부, ㈜대교 콘텐츠개발센터 박현성, 김상택
펴낸곳 (주)대교 | **등록 번호** 제16-11호
주소 서울시 관악구 보라매로3길 23
주문 전화 02)829-1324 | **주문 팩스** 070)4170-4316
홈페이지 www.ggumdal.com

©㈜대교, 2015
ISBN 978-89-395-3862-7 63910

스토리 + 그래픽

교과서 한국 인물

글 김은빈 그림 서계원 이진우 감수 노인환(한국학중앙연구원)

대교
꿈꾸는
달팽이

차례

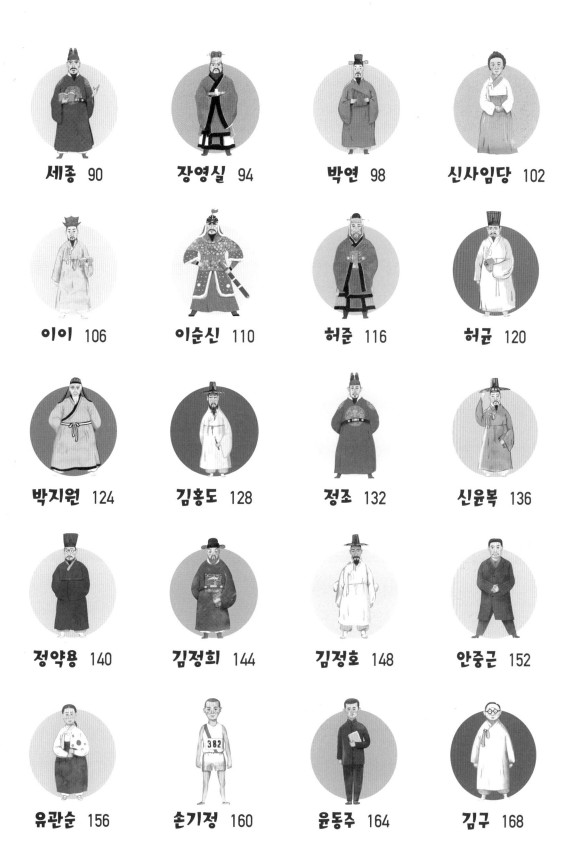

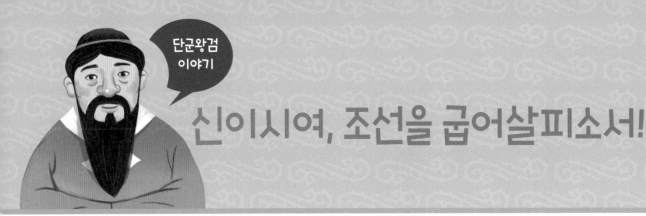

신이시여, 조선을 굽어살피소서!

"조금만 더 참자! 그러면 나도 인간이 될 수 있어."

곰은 동굴 속에서 이를 악물었어요.

곰이 호랑이와 함께 동굴에 들어온 건 20일 전이었어요. 인간이 되고 싶었던 곰과 호랑이에게 기회가 왔어요. 하늘 나라 왕의 아들 환웅을 만난 거예요.

환웅은 인간이 되고 싶은 곰과 호랑이에게 쑥과 마늘을 주며 말했어요.

"이것을 먹고 100일 동안 햇빛을 보지 않으면 인간이 될 것이다."

그 말에 따라 곰과 호랑이는 쑥과 마늘을 가지고 동굴로 들어갔어요. 하지만 호랑이는 얼마 안 가 동굴에서 뛰쳐나갔어요.

곰은 꾹 참았지요. 참고 또 참아 어느덧 20일이 지났어요. 그리고 21일째 되는 날이 밝았어요.

털이 북실북실하던 곰의 몸이 예쁜 여자의 몸으로 변했어요. 곰의 꿈이 이루어진 거예요. 얼마 후 곰에게 더 근사한 일이 일어났어요. 바로 환웅과 결혼한 거예요. 곧 아들도 태어났어요. 환웅의 아들은 씩씩하게 자라 아버지에게 지도자 자리를 물려받았어요.

환웅의 아들은

기원전 2333년 10월 3일 모든 백성을 한자리에 모았어요. 그러고는 엄숙한 목소리로 선포했어요.

"여러분! 새날이 밝았습니다. 여러분 덕분에 우리는 이 땅에서 가장 큰 부족으로 발전했습니다. 이제 나는 부족보다 더 큰 조직을 만들려고 합니다."

"부족보다 더 큰 조직? 그게 뭔가요?"

"나라입니다. 나라를 국가라고도 하지요. 나라 이름도 정했습니다. 바로 '조선'입니다. 조선은 이 땅에 사는 우리 민족이 세운 최초의 나라로 영원히 남을 것입니다. 하늘의 신이시여, 조선을 굽어살피소서!"

이날 나라를 세운 환웅의 아들이 바로 단군왕검이에요. 이 이야기는 고려 시대에 일연이 쓴《삼국유사》란 책에 실려 있어요. 이것을 단군 신화라고 하지요.

그런데 정말 단군왕검은 하늘 나라 왕의 후손이었을까요? 아니에요. 이 신화는 단군왕검이 성스러운 지도자라는 걸 강조하려고 후손들이 만든 이야기예요. 곰이 여자가 된 것도 지어낸 이야기지요. 환웅과 곰 처녀의 결혼은 환웅이 이끌던 부족과 곰을 숭배하던 부족이 합쳐진 것을 신비한 이야기로 꾸민 거예요.

그러나 한 가지 분명한 사실은 있어요. 단군왕검이 우리 민족 최초로 나라를 세운 지도자라는 점이에요.

깨알 인물 정보

고조선의 원래 이름은 '조선'이에요. 1392년 이성계가 조선을 세웠는데, 이 조선과 구분하기 위해 단군왕검이 세운 조선을 '옛날 조선'이란 뜻인 '고조선'으로 부르고 있어요.

단군왕검 *

우리 민족 최초의 국가인
고조선을 세운 왕

이 말을 네 글자로
'홍익인간(弘益人間)'이라고 해요.

**널리 백성을
이롭게 하리라!**

국가
고조선

살았던 때
기원전** 2300년대

직업
고조선 제1대 왕

고조선을 세운 때
기원전 2333년

성격
너그럽고 인자함.

별명
단군 할아버지,
한민족 시조(시조란
맨 처음이 되는
조상을 뜻해요.)

관심사
나라 세우기

가족 관계
할아버지: 환인
아버지: 환웅
어머니: 곰이었던
웅녀

관련 있는 날: 개천절
10월 3일로 단군왕검이
나라를 세운 날.
국경일로 제정하여 우리
나라 건국을 기념해요.

**고조선 사람들의
옷**
사회 질서가 엄격했
던 고조선 사람들은
흰옷 입기를 좋아했
어요. 지도자는 비단
옷, 백성은 삼베옷을
주로 입었어요.

**깨알
연계 정보**

*단군왕검은 한 사람을 뜻하는 것이 아니고 고조선 시대의 지도자를 이르는 말이에요. 단군왕검의
'단군'은 제사를 지내는 사람, '왕검'은 정치 지도자를 가리키는 말이에요.

**기원이란 유럽에서 만든 역사 연대 표시 방법이에요. 기독교를 만든 예수가 태어난 해를 기준으로
그 전의 연대를 기원전이라고 하고, 그 후를 기원후 또는 서기라고 해요.

✓

내가 제일 강해!

단군왕검이 고조선을 세울 수 있었던 이유

단군왕검이 고조선을 세우기 전 한반도에는 여러 부족이 모여 살았어요. 단군왕검의 부족은 다른 부족보다 힘이 강했어요. 그래서 점차 다른 부족들을 통합하고 나라를 세울 수 있었어요.

✓

고조선의 8조법

고조선에는 사회 질서를 유지하기 위한 법률이 있었어요. 하지만 오늘날에는 3가지 조항만 전해와요.

① 사람을 죽이면 사형에 처한다.

② 남을 다치게 하면 곡물로 갚는다.

③ 도둑질하면 잡아다 종으로 삼는다.

✓

고조선의 무기 – 비파형 동검

무기나 도구 등을 청동으로 만들어 사용하던 시대를 '청동기 시대'라고 해요. 고조선 사람들은 청동으로 무기와 도구를 만들어 사용했어요. 대표적인 유물로는 길이 30~40cm의 칼인 '비파형 동검'이 있어요. '비파'라는 악기와 모양이 닮아 이런 이름으로 불러요.

〈비파형 동검〉 ⓒ국립중앙박물관

고조선의 최후

멸망한 때:
기원전 108년

멸망한 이유:
강대국인 중국 한나라의 공격을 받아서

멸망한 후 일어난 일:
부여, 고구려, 옥저, 동예 등 여러 나라가 생겨났어요.

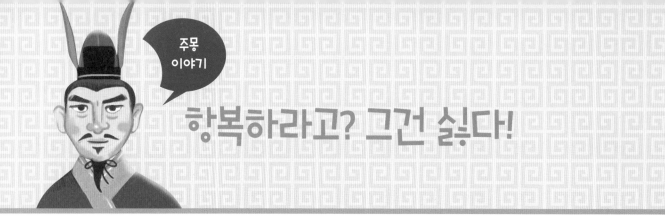

항복하라고? 그건 싫다!

"어서 동부여 땅에서 도망치거라."

기원전 37년, 어머니 유화 부인이 주몽에게 말했어요.

"잘못한 것도 없는데 왜 도망치라 하시옵니까?"

"동부여의 일곱 왕자가 너를 죽이려 한다는 소문을 들었다. 그러니 어서 떠나라!"

유화 부인의 말은 사실이었어요. 스물두 살의 주몽은 지혜롭고 용감한 데다 인물까지 빼어나 부족한 게 없는 청년이었어요. 동부여의 일곱 왕자는 주몽이 훗날 왕 자리를 차지할까 봐 두려웠어요. 그래서 아버지에게 주몽을 죽여야 한다고 말했지요.

주몽은 평소에 자신을 따르던 세 명의 청년과 함께 동부여를 떠나기로 했어요.

한참을 달리던 주몽 일행은 어느 강가에 도착해 말을 쉬게 했어요. 이때 뒤에서 호령 소리가 들렸어요.

"주몽, 서라! 죽기 싫으면 항복하라!"

소리를 지른 것은 동부여 왕자들이 보낸 병사들이었어요.

주몽은 주먹을 불끈 쥐고 말에 올라 동부여 병사들에게 소리를 질렀어요.

"네 이놈들! 내가 누군지 아느냐? 나는 하늘에 사는 황제의 아들이다!"

황제의 아들. 이 말은 어릴 때부터 유화 부인이 주몽에게 들려준 말이었어요. 주몽의 호통에 병사들이 주춤했어요.

"이놈들, 내 화살이나 받아라!"

"으윽! 맞았다."

주몽이 쏜 첫 화살에 한 병사가 비명을 지르며 쓰러졌어요.
이어서 쏜 주몽의 화살들은 백발백중 병사들에게 적중했어요. 병사들은 추격을 포기하고 도망치기 시작했지요.

주몽 일행이 동부여 땅을 완전히 벗어날 때까지 여러 번 위기가 있었어요. 그때마다 주몽은 용감하게 병사들과 맞서 싸웠어요. 주몽의 용맹함을 본 많은 사람이 주몽을 따라가겠다고 길을 나섰어요. 네 명이던 주몽 일행은 크게 늘어났지요.

이후 추격을 완전히 따돌린 주몽은 졸본에 도착했어요. 강 주변을 둘러본 주몽이 말했어요.

"이곳은 땅이 기름지고 물이 풍부해서 농사짓기 좋겠구나. 여기에 새 나라를 세우자!"

깨알 인물 정보 주몽은 고구려를 세운 후 이웃 나라를 하나둘 정복해 땅을 넓혔어요. 훗날 압록강 남쪽으로 진출한 고구려는 백제, 신라와 경쟁하면서 삼국 시대를 이어 나갔어요.

주몽

삼국 시대* 세 나라 중
하나인 고구려를 세운 왕

나의 길은 내가
개척한다!

국가
고구려

살았던 때
기원전 58~19년

직업
고구려 제1대 왕

왕으로 나라를 다스린 때
기원전 37~19년

성격
용감하고 결단력이 있음.

별명
백발백중 주몽
(활 솜씨가 매우 뛰어났어요.)

관심사
고구려 발전시키기

싫어하는 것
남의 눈치 보며 사는 것

특기
활쏘기, 추격 따돌리기

가족 관계
아버지: 해모수

어머니: 유화 부인

자식: 첫째 부인에게서 유리(고구려 제2대 왕)를 낳고, 둘째 부인에게서 비류와 온조(백제 제1대 왕)를 낳음.

또 다른 이름 – 동명 성왕(東明聖王)
동명 성왕은 주몽이 죽은 후 붙여진 이름이에요. 동쪽 땅을 밝게 다스린 왕이라는 뜻이에요.

깨알
연계 정보

*삼국 시대는 기원전 57년에 생긴 신라, 기원전 37년에 생긴 고구려, 기원전 18년에 생긴 백제, 이 세 나라가 경쟁하던 시대예요. 삼국 시대는 신라가 백제, 고구려를 정복하면서 668년 끝이 났어요.

주몽이 나라를 세운 이유

주몽은 원래 동부여에서 태어났어요. 하지만 동부여 왕자들의 질투와 모함으로 죽을 위기를 맞았어요. 동부여를 탈출한 주몽은 스스로 지도자가 되어 좋은 나라를 만들고 싶었어요.

고구려의 수도였던 세 개의 도시

① 졸본　② 국내성

③ 평양성

수도를 여러 번 옮긴 이유

왕의 힘을 강하게 하고 교통이 편리하고 농사짓기 좋은 땅을 찾아서

고구려의 사냥

사냥 이유: 군사 훈련, 제사에 쓸 제물 얻기, 국방 상태 점검

사냥 무기: 각궁(맥궁, 단궁)

무기 모양: 타원형으로 구부러짐.

길이: 80~90cm

정말 알에서 태어났을까?

사람이 알에서 태어날 순 없어요. 왕을 일반 사람들과는 다른 특별하고 신성한 사람으로 꾸미려고, 후세 사람들이 이야기를 지어낸 거예요.

알에서 태어난 왕들

어머니가 낳은 알에서 태어남.

고구려 제1대 왕, 주몽

숲에서 발견된 알에서 태어남.

신라 제1대 왕, 박혁거세

하늘에서 내려온 상자 속 알에서 태어남.

가야 제1대 왕, 수로왕

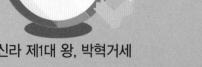

근초고왕
이야기

강대국 백제 만들기 준비 끝!

"부인! 나에게는 큰 꿈이 있소."

346년, 백제 제13대 왕이 된 근초고왕이 왕비 진씨 부인에게 말했어요.

"어떤 꿈이옵니까?"

"백제를 강대국으로 만드는 꿈이오. 부인에게 부탁할 것이 있소."

"말씀하시옵소서."

"부인도 알다시피 대대로 백제 왕은 힘이 강하지 못하오. 귀족들이 왕의 힘이 커지는 걸 막았기 때문이오. 하지만 부인의 가문이 나를 지지해 준다면 나는 내 꿈에 좀 더 다가갈 수 있을 것이오. 그러니 진씨 가문에 얘기해 나를 적극 지지하게 해 주시오."

왕비는 근초고왕의 말에 따랐어요. 진씨 가문이 적극 지지하자 근초고왕의 힘은 점점 강해졌어요.

근초고왕은 왕의 힘이 강해졌다고 우쭐하거나 교만하지 않았어요. 강대국이 되려면 아직 갈 길이 멀다고 생각했기 때문이지요.

"왕의 힘을 강화했으니 강대국 만들기 1단계는

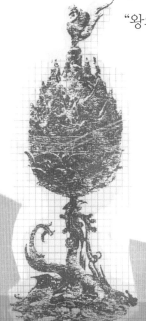

이루었다. 이번엔 2단계다. 바로 지방을 잘 다스리는 것!"

당시 왕의 명령은 지방까지 제대로 전달되지 않았어요. 근초고왕은 이 문제를 해결하려고 신하들을 지방으로 보내 그곳을 다스리게 했어요.

지방을 잘 다스리자 지방에서 세금도 잘 걷혔고, 군인도 많이 보충할 수 있었어요. 경제력과 군사력이 강해진 거예요.

369년 근초고왕은 신하들에게 말했어요.

"나는 20년 가까이 백제를 강대국으로 만들기 위해 준비했다. 이제 다음 단계를 추진할 것이다. 바로 땅을 넓히는 것이다!"

백제는 먼저 남쪽의 마한을 정복하고, 이어서 371년 고구려를 물리치고 북쪽으로 땅을 넓혔어요. 이로써 근초고왕이 백제를 다스리던 시절은 백제 역사에서 가장 빛나는 시절이 되었어요.

깨알 인물 정보 근초고왕 시대에 백제는 해외로도 진출해 중국 땅에 군사 기지를 건설했어요. 그리고 중국의 동진이나 가야, 일본과도 적극적으로 교류하며 여러 가지 문화와 기술을 주고받았어요.

근초고왕

백제*를 강대국으로 만든 왕

더 큰 목표를
향해 도전하라!

국가
백제

살았던 때
?~375년

직업
백제 제13대 왕

왕으로 나라를 다스린 때
346~375년

성격
신중하고 치밀함.
(차근차근 백제의 힘을
키워 나갔어요.)

별명
백제 최고의 왕

관심사
경쟁 국가인 고구려
물리치기,
'백제는 강대국'이라는
소리 듣는 것

싫어하는 것
'백제는 약한 나라'라는
소리 듣는 것

가족 관계
아버지: 백제 제11대 왕,
비류왕

아들: 백제 제14대 왕,
근구수왕

백제를 강대국으로
만든 3단계 과정
1단계: 왕의 힘을
강하게 한다.
2단계: 군사력을
키운다.
3단계: 전쟁으로 땅을
넓힌다.

깨알
연계 정보

*백제가 생긴 것은 기원전 18년이에요. 고구려 주몽의 셋째 아들인 온조가 고구려의 왕이 되지 못하
자 일부 백성들을 이끌고 한강 지역에 세운 나라가 백제이지요.

근초고왕 시대 백제 영토 확장 소식

북쪽으로 고구려를 공격하여 고구려 땅 일부를 장악하고,
남쪽으로 마한을 정복하여 남해안까지 영토를 확장했어요.
또 바다 건너 중국, 일본과 활발하게 교류했어요.

요서
지방

국내성

고 구 려

전 진

평양성

동 해

산둥
반도

한성

백제

신라
금성

황 해

가야

동 진

왜*

‑ ‑ ‑▶ 해외 교류
──▶ 영토 확장

탐 라

*'왜'는 7세기 후반 '일본'으로 나라 이름을 바꿈.

역사의 라이벌

백제 근초고왕	**VS**	고구려 고국원왕
1차 대결 **원인** 369년, 고구려가 백제에 쳐들어감. **결과** 백제 승리!		**2차 대결** **원인** 371년, 백제가 고구려에 쳐들어감. **결과** 고국원왕 전사, 백제 승리!

일본에 기술과 학문을 가르쳐 준 백제

근초고왕 시대에는 많은 기술자와 학자가 일본에 건너가 백제 문화를 알렸어요.

아직기: 말 기르는 법과 승마 기술을 가르쳐 줌.

왕인: 유학과 《천자문》을 가르쳐 줌.

그 외: 옷, 도자기, 술 만드는 기술 등을 가르쳐 줌.

어리다고 얕보지 마!

"즉위를 축하드리옵니다."

391년, 고구려 수도인 국내성 궁궐에서 신하들이 새로운 왕에게 머리를 조아렸어요. 왕 자리에 오른 사람은 고국양왕의 아들 광개토 대왕이었어요.

광개토 대왕은 열여덟 살의 어린 나이인데도 무척 늠름했어요. 5년 전 왕 자리를 물려받을 태자가 된 후부터는 무술 연습도 열심히 했어요. 왕이 전투를 잘해야 고구려 군사력도 강해질 거라고 생각했기 때문이에요.

광개토 대왕은 신하들에게 말했어요.

"고구려는 그동안 많은 시련을 겪었다. 남쪽의 백제는 371년 고구려 땅에 쳐들어와 고국원왕을 죽이기까지 했다. 신경 쓰이는 건 백제만이 아니다. 북쪽에도 강대국이 수두룩하다."

"맞습니다. 후연, 거란 같은 나라들입니다."

"난 그 나라들을 하나둘 정복해 나갈 것이다."

이때 백제의 왕은 진사왕이었어요. 고구려에 열여덟 살의 새 왕이 즉위했다는 소식을 듣고 진사왕은 기뻐했어요. 그리고 신하들에게 말했어요.

"하하! 당분간 고구려는 걱정할 필요가 없겠구나. 열여덟 살짜리가 왕이 되었으니 얼마나 허둥지둥하겠느냐?"

"그러하옵니다. 왕이 어리다고 신하들도 온갖 참견을 다할 것이니 고구려가 힘을 키우는 건 당분간 어려울 것으로 보입니다."

하지만 그로부터 얼마 후, 국경을 지키던 백제 병사들은 화들짝 놀랐어요. 고구려 병사들이 말을 타고 쳐들어왔기 때문이에요.

고구려 군대의 선두에 선 사람은 바로 광개토 대왕이었어요. 철갑을 두른 말에 탄 광개토 대왕이 부하 장수들에게 말했어요.

"예상대로 수비가 허술하구나. 백제의 왕은 내가 어리다고 얕보았을 것이다. 그래서 국경 수비도 허술한 것일 테지. 상대가 방심할 때 공격하면, 이길 가능성은 커진다! 자, 고구려 병사들이여, 백제 땅으로 진격하라!"

백제의 허점을 노린 이 전쟁에서 광개토 대왕은 큰 승리를 거두었어요.

깨알 인물 정보

광개토 대왕은 391년부터 410년까지 줄기차게 정복 전쟁을 벌였어요. 고구려는 대부분의 전투에서 승리했어요. 이후 광개토 대왕에 이어 장수왕이 나라를 잘 다스리면서 고구려의 전성기가 이어졌어요.

광개토 대왕
고구려의 땅을 크게 넓힌 왕

전투를 할 때 선두에 서서 전쟁을 지휘했어요.

전쟁터에서 나를 믿고 따르라!

국가
고구려

살았던 때
374~412년

직업
고구려 제19대 왕

왕으로 나라를 다스린 때
391~412년

성격
용감하고 저돌적임.

별명
정복왕
(많은 나라의 땅을 정복해 고구려 땅을 크게 넓혔어요.)

관심사
고구려 땅 넓히기,
전투 작전 짜기

싫어하는 것
전투에서 지는 것

특기
말타기, 활쏘기, 칼싸움

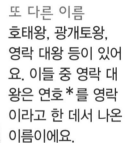

가족 관계
아버지: 고구려 제18대 왕, 고국양왕

아들: 고구려 제20대 왕, 장수왕

또 다른 이름
호태왕, 광개토왕, 영락 대왕 등이 있어요. 이들 중 영락 대왕은 연호*를 영락이라고 한 데서 나온 이름이에요.

깨알 연계 정보

*연호는 왕이 즉위한 해부터 연도 앞에 붙이는 이름으로, 우리나라는 대부분 중국의 연호를 사용했어요. 하지만 왕의 힘이 강했을 때에는 독자적인 연호를 사용하여 자주성을 나타냈어요.

광개토 대왕은 북쪽으로는 거란과 후연과 부여 등을, 남쪽으로는 백제를 정복하여 영토를 확장했어요.

광개토 대왕은 일생 동안 성 64개, 마을 1,400개를 차지했어요.

64개

1,400개

부여

거란

광개토 대왕의 이름은 넓을 광(廣), 열 개(開), 영토 토(土)로 넓은 땅을 열었다는 뜻이 담겨 있어요.

후연

고구려

동부여

국내성

고구려의 갑옷

갑옷은 전쟁터에서 칼이나 화살을 막기 위해 입는 옷이에요. 고구려 시대에 왕, 장수, 말을 타는 병사는 크기가 작은 쇳조각을 이어서 만든 갑옷을 입었어요. 말도 다치지 않도록 갑옷을 입혔어요.

우리나라에서 가장 큰 비석 – 광개토 대왕릉비

광개토 대왕의 아들인 장수왕이 아버지의 업적을 기념하려고 세운 비석이에요. 비석에는 고구려의 역사와 광개토 대왕의 업적이 새겨져 있어요. 현재 중국 지안 시에 있어요.

독립 기념관에 세워진 광개토 대왕릉비 재현비.

백제

신라

가야

왜

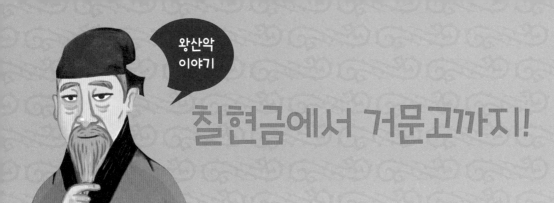

칠현금에서 거문고까지!

고구려의 왕이 신하들에게 말했어요.

"참으로 답답하구나!"

신하들이 왕에게 물었어요.

"무슨 일로 답답하다 하시옵니까?"

그러자 왕이 신하에게 명령했어요.

"그걸 가져오너라!"

신하가 가져온 것은 줄이 일곱 개 달린 악기였어요. 왕이 손으로 줄을 하나 튕겼어요. 탁 소리가 잠시 나더니 곧 사라졌어요.

"이건 중국 진나라에서 보낸 악기다. 줄이 일곱 개라서 칠현금이라고 한다더구나. 그런데 어떻게 연주하는지 도무지 알 수가 없구나. 그러니 내가 답답한 것이다."

신하들이 칠현금 가까이에 와 악기를 살폈어요. 하지만 아무도 줄을 튕길 생각을 못 했어요. 이 악기를 다룰 줄 아는 사람이 한 명도 없었거든요.

왕이 신하들에게 말했어요.

"어떻게 고구려에 이 악기를 연주할 줄 아는 사람이 하나도 없단 말이냐? 고구려의 문화 수준이 중국보다 못한 것 같아 자존심이 상한다. 너희 중에 칠현금 연주법을 알아낼 사람이 없느냐?"

그러자 한 신하가 "제가 해 보겠습니다."라고 말했어요. 바로 왕산악이었어요.

왕산악은 호기심이 많고, 한번 일을 시작하면 끝장을 보는 성격이었어요. 왕산악은 칠현금

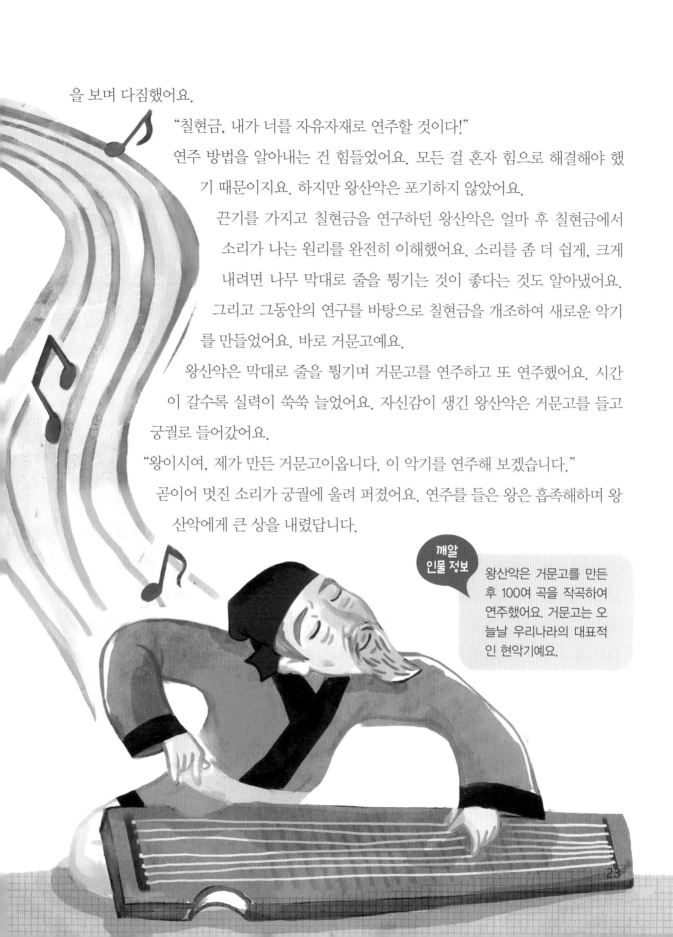

을 보며 다짐했어요.

"칠현금, 내가 너를 자유자재로 연주할 것이다!"

연주 방법을 알아내는 건 힘들었어요. 모든 걸 혼자 힘으로 해결해야 했기 때문이지요. 하지만 왕산악은 포기하지 않았어요.

끈기를 가지고 칠현금을 연구하던 왕산악은 얼마 후 칠현금에서 소리가 나는 원리를 완전히 이해했어요. 소리를 좀 더 쉽게, 크게 내려면 나무 막대로 줄을 튕기는 것이 좋다는 것도 알아냈어요. 그리고 그동안의 연구를 바탕으로 칠현금을 개조하여 새로운 악기를 만들었어요. 바로 거문고예요.

왕산악은 막대로 줄을 튕기며 거문고를 연주하고 또 연주했어요. 시간이 갈수록 실력이 쑥쑥 늘었어요. 자신감이 생긴 왕산악은 거문고를 들고 궁궐로 들어갔어요.

"왕이시여, 제가 만든 거문고이옵니다. 이 악기를 연주해 보겠습니다."

곧이어 멋진 소리가 궁궐에 울려 퍼졌어요. 연주를 들은 왕은 흡족해하며 왕산악에게 큰 상을 내렸답니다.

깨알 인물 정보

왕산악은 거문고를 만든 후 100여 곡을 작곡하여 연주했어요. 거문고는 오늘날 우리나라의 대표적인 현악기예요.

23

🎵 왕산악

거문고를 만든 고구려 음악가

> 독학으로 음악가가 되었어요.

국가
고구려

살았던 때
4세기 무렵

직업
음악가

성격
호기심이 많고 끈기가 있음.

별명
거문고의 아버지
(처음으로 거문고를
만들었어요.)

관심사
악기 연구하기

싫어하는 것
목표한 일을 중간에
포기하는 것

특기
거문고 연주

왕산악에 관한 기록이
남아 있는 책
《삼국사기》*

전설
왕산악이 거문고를 연주
하자 검은 학이 날아와
춤을 추었을 정도로 거
문고 소리가 아름다웠다
고 해요.

만든 것
거문고 악곡 100여 곡

깨알
연계 정보

*《삼국사기》는 고려 시대의 학자이자 정치가인 김부식이 지은 삼국 시대 역사책이에요. 《삼국사기》
에는 고구려, 백제, 신라의 역사뿐만 아니라, 제도와 문화, 인물의 전기 등이 담겼어요. 《삼국유사》와
함께 우리나라에서 가장 오래된 역사책이에요.

우리나라 대표 전통 악기 – 거문고

왕산악이 만든 거문고는 신라와 백제에 전해졌어요.
그리고 백제를 통해 일본에까지 전해졌지요.
또 조선 시대 양반들도 정신 수양을 위해 거문고 연주를 즐겼어요.
거문고는 오늘날까지도 우리나라의 대표적인 현악기로 사랑받고 있어요.

거문고와 가야금 비교

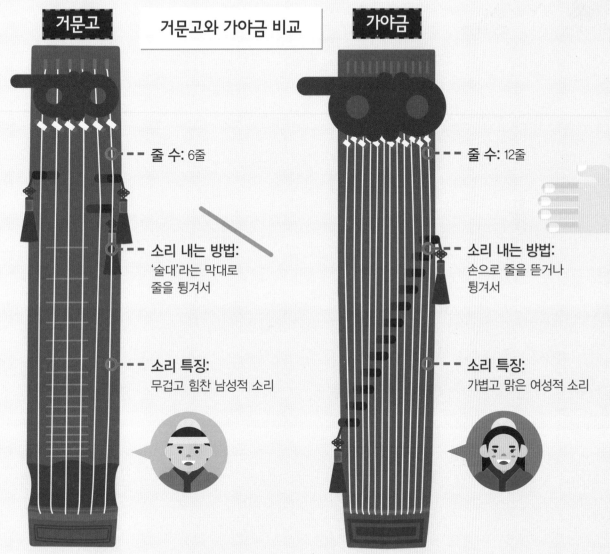

거문고

- 줄 수: 6줄
- 소리 내는 방법: '술대'라는 막대로 줄을 튕겨서
- 소리 특징: 무겁고 힘찬 남성적 소리

가야금

- 줄 수: 12줄
- 소리 내는 방법: 손으로 줄을 뜯거나 튕겨서
- 소리 특징: 가볍고 맑은 여성적 소리

고구려 무용총 고분 벽화 – 〈무용도〉

고구려 때의 무덤인 '무용총'의 벽에는 음악에 맞춰 사람들이 춤을 추는 모습이 그려져 있어요. 이 무용도를 통해 음악과 춤을 즐긴 고구려 사람들의 문화를 엿볼 수 있어요. 무용총은 현재 중국 만주 지린 성에 있어요.

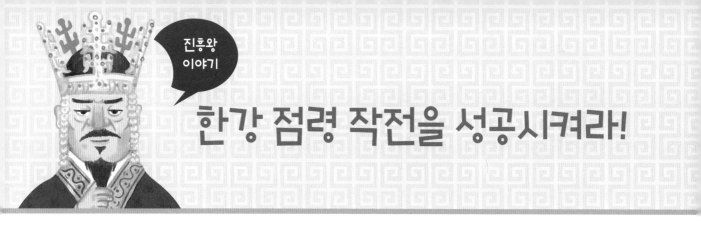

한강 점령 작전을 성공시켜라!

553년 진흥왕은 장군들을 모아 작전 회의를 열었어요. 작전의 이름은 '한강 점령 작전'이었어요. 진흥왕이 말했어요.

"신라가 강대국이 되려면 한강 지역을 꼭 차지해야 한다. 한강은 한반도 중심에 있어 군사적 가치가 크다. 또한 농사짓기도 좋고, 배를 타고 시해로 나가면 중국에도 쉽게 갈 수 있다."

"하오나 지금 그곳은 백제 땅이옵니다."

"백제는 오랫동안 신라와 평화로운 관계를 맺은 나라다. 하지만 신라를 위해선 백제를 몰아내야 한다."

그때 한 장군이 걱정스러운 얼굴로 말했어요.

"백제를 공격하면 백제가 고구려와 힘을 합쳐 신라를 공격할까 걱정입니다."

"음, 그렇구나……."

진흥왕은 신중한 사람이었어요. 진흥왕은 백제와 고구려가 군사 동맹을 맺지 못하게 할 방법을 고민했어요.

며칠 후 왕은 다시 장군들을 불러 모았어요.

"고구려는 현재 중국의 공격에 대비하느라 정신이 없다. 나는 먼저 고구려에 사신을 보내 평화 동맹을 맺을 것이다. 그런 다음 백제를 칠 것이다!"

"참으로 좋은 생각이옵니다."

며칠 후 진흥왕은 고구려에 사신을 보내 평화 동맹을 맺었어요.

이어서 진흥왕은 한강 점령 작전을 위한 부대를 조직했어요. 진흥왕은 장수들을 굳게 믿고 일을 맡기는 지도자였어요. 이런 태도 덕분에 장수들은 진흥왕에게 충성을 바쳤어요.

진흥왕이 장수들의 어깨를 어루만지며 말했어요.

"전쟁터에서는 네가 최고 지도자다. 나는 경주에서 부처님께 승리를 기도할 것이다. 왕과 장수가 한 몸이 되어 간절하게 승리를 바라는데 무엇이 두려우냐? 가라! 용감하게 싸워라! 신라는 승리할 것이다."

깨알 인물 정보

진흥왕의 작전은 적중했어요. 신라는 기습 공격으로 한강 지역에서 백제를 몰아냈어요. 이 사건 후에 백제와 고구려의 연합 공격도 받지 않았어요. 한강 지역을 차지한 신라는 강대국으로 발돋움해 훗날 삼국 통일을 이루어 낸답니다.

진흥왕
신라를 강대국으로 만든 왕

나라를 키우려면 인재부터 키우자!

국가
신라

살았던 때
534~576년

직업
신라 제24대 왕

왕으로 나라를 다스린 때
540~576년

성격
신중하고 너그러움.

별명
정복자
(많은 지역을 정복해 신라 땅을 넓혔어요.)

관심사
한강 지역 정복하기,
약한 신라* 강대국 만들기

싫어하는 것
나라에 충성하지 않는 것

특기
부하 통솔하기
(신하와 장수를 잘 이끌어 신라의 힘을 키웠어요.)

가족 관계
큰아버지: 신라 제23대 왕, 법흥왕
아들: 신라 제25대 왕, 진지왕

특이한 점
일곱 살의 어린 나이로 왕이 되어 한동안 어머니가 대신 나라를 다스렸어요.

만든 것
황룡사: 신라 최대의 절
《국사》: 신라의 역사책

깨알 연계 정보

*삼국 시대 초기 신라는 고구려, 백제보다 약한 나라였어요. 신라가 왜군의 공격에 시달릴 때 고구려 광개토 대왕이 도움을 주기도 했어요. 신라가 국가의 체제를 갖춘 것은 제17대 왕, 내물왕 때였어요. 제24대 왕인 진흥왕 때에는 한강 지역을 확보하고 영토를 넓히는 등 신라를 발전시켰어요.

전성기별 삼국 시대 지도

★: 한강 유역

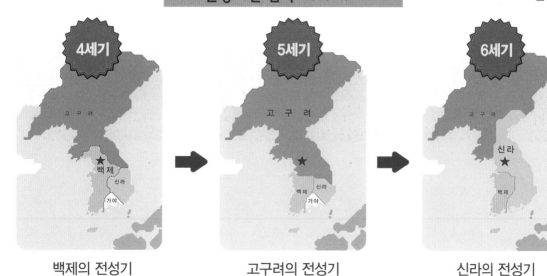

백제의 전성기
근초고왕

고구려의 전성기
광개토 대왕, 장수왕

신라의 전성기
진흥왕

신라의 화랑

'화랑'은 진흥왕이 인재를 길러 내기 위해 만든 청소년 수련 단체예요.
화랑도 출신 인재들은 신라가 훗날 삼국 통일을 할 때 큰 역할을 했어요.

진흥왕의 훌륭한 부하들

이사부
백제와 고구려를 공격하여 신라 땅을 넓혔어요.

거칠부
《국사》를 편찬하고, 고구려를 공격하여 신라 땅을 넓혔어요.

사다함
화랑 출신으로, 가야를 정복할 때 큰 공을 세웠어요.

삼국 시대의 주요 종교

원시 종교
산이나 큰 나무 등 자연을 숭배하는 종교예요.

불교
인도의 석가모니가 만든 종교예요.

도교
신선 사상과 늙지 않고 오래 사는 것을 추구하는 종교예요.

적의 힘이 빠질 때까지 기다려라!

"13만이 아니고 113만 명?"

영양왕의 질문에 을지문덕이 말했어요.

"예, 수나라 황제가 직접 군사 113만 명을 이끌고 고려를 향해 오고 있습니다."

"아이고, 큰일 났다. 어떡하지?"

"걱정할 것 없습니다. 시간은 우리 고구려 편입니다."

"그게 무슨 말이냐?"

"전투에서 이기는 법을 설명한 《손자병법》에 '적을 알고 나를 알면 백 번 싸워도 백 번 이긴다.'라는 말이 있습니다. 수나라 사정을 잘 알고 이를 이용하면 이길 수 있습니다."

"그래도 113만 명은 너무 많아."

"수나라와 고구려 사이는 아주 멉니다. 고구려에 가까이 올수록 수나라 병사들은 지칠 겁니다. 식량 사정도 나빠지고 사기도 떨어질 겁니다. 그리고 제게 좋은 작전이 있습니다."

영양왕은 을지문덕의 작전 계획을 듣고서야 자신감이 생겼어요.

을지문덕이 예상한 대로 수나라 군대는 고구려 국경에 도착했을 때 힘이 빠진 상태였어요. 며칠 후 을지문덕이 지휘하는 고구려 군대와 수나라 군대가 맞붙었어요. 을지문덕은 부하 장수들에게 명령했어요.

"싸우는 척하다가 후퇴하라."

이 명령에 따라 고구려 군대는 싸우는 척하다가 후퇴하고 싸우는 척하다가 또 후퇴했어요. 뒤쫓는 수나라 군대는 갈수록 힘이 빠졌지요.

결국 수나라 군대는 고구려 수도인 평양에 도착하기도 전에 지쳐 후퇴해야 했어요. 이 소식을 들은 을지문덕은 회심의 미소를 지으며 말했어요.

"힘 빼기 작전 성공이다! 이제 적에게 총공격을 퍼부을 때다!"

지친 수나라 군사들이 평양 북쪽의 살수(청천강)를 건널 때였어요. 뒤에서 큰 함성 소리가 들려왔어요. 고구려 군대였어요. 선두에 선 을지문덕이 칼을 번쩍 뽑으면서 말했어요.

"나는 적이 지쳐 힘이 빠진 이 순간을 기다렸노라! 고구려 군사들이여, 총공격을 퍼부어라!"

깨알 인물 정보

살수 대첩에서 고구려는 큰 승리를 거두었어요. 살아서 돌아간 수나라 군사 수는 약 3천 명에 지나지 않았어요. 그 후에도 수나라는 두 차례 더 고구려를 공격했지만 고구려는 똘똘 뭉쳐 수나라의 공격을 막아 냈어요.

을지문덕

수나라* 군대를 물리친
고구려 장수

을지문덕은 수나라 군대의 사정을
잘 살핀 후에 공격해 승리했어요.

적을 알고 나를 알면
늘 승리한다!

국가
고구려

살았던 때
?~?년
(태어나고 죽은 때가
확실하지 않음.)

직업
장군

모신 왕
고구려 제26대 왕, 영양왕

성격
책임감이 강하고 지혜로움.

별명
고구려 수호신

관심사
고구려 지키기, 작전 짜기

싫어하는 것
항복

특기
적군 힘 빼기

을지문덕의 이름을 딴
도로
우리나라에는 위인의
이름을 딴 도로가 많아
요. 서울에는 을지문덕
의 이름을 딴 '을지로',
이순신의 시호를 딴 '충
무로', 세종의 시호를 딴
'세종로' 등이 있답니다.
'시호'란 왕이나 신하가
죽은 후에 그들의 업적
을 기리며 붙인 이름이
에요.

깨알
연계 정보

*중국은 고대부터 여러 나라로 분열되었다가, 다시 한 나라로 통일하는 일이 여러 번 있었어요. 수나
라는 589년 여러 나라로 분열되었던 중국을 통일한 나라예요. 고구려에 패한 뒤, 세력이 약해진 수나
라는 618년 당나라에 멸망했어요.

우리나라의 3대 대첩
대첩이란 크게 이긴 전투를 뜻해요.

살수 대첩
고구려 을지문덕이 수나라를 물리친 전투.

귀주 대첩
고려 강감찬이 거란을 물리친 전투.

한산도 대첩
조선 이순신이 일본을 물리친 전투.

살수 대첩의 결과
살수 대첩은 수나라의 비참한 패배로 끝이 났어요.

살수 대첩을 시작할 때 수나라 군사 수	살수 대첩이 끝났을 때 수나라 군사 수
약 **300,000** 명	약 **2,700** 명

을지문덕이 승리한 3가지 비결

비결 3 살수 대첩 성공
지친 수나라 군대가 후퇴할 때 살수에서 총공격을 했어요.

비결 2 힘 빼기 작전
전투에서 일부러 지는 척하면서 수나라 군대의 힘을 뺐어요.

비결 1 지친 수나라 군대
중국에서부터 고구려까지는 길이 멀어 수나라 군대는 점점 지쳤어요.

VS

가장 오래된 한시 – 여수장우중문시

그대의 신기한 꾀는 하늘의 이치를 다했고
오묘한 지혜는 땅의 이치를 다했노라.
싸움에 이겨서 그 공이 이미 높으니
이제 만족함을 알고 그만두기를 바라노라.

을지문덕이 수나라 장수 우중문에게 보낸 것으로 우리나라에서 가장 오래된 한시예요. 한시란 한문으로 쓴 시라는 뜻이에요. 반어법으로 우중문을 우롱하는 을지문덕의 기개를 엿볼 수 있어요.

여자라고 무시하지 마!

"여자 몸으로 나라를 잘 다스릴 수 있을까?"

"한 번도 없던 일이라 나도 걱정이야."

632년 궁궐에 모인 신하들이 수군거렸어요. 신하들은 오늘 즉위하는 선덕 여왕이 나라를 잘 다스릴 수 있을지 걱정했어요.

잠시 후 선덕 여왕이 모습을 나타냈어요. 선덕 여왕이 말했어요.

"나는 어젯밤 내 모든 걸 신라에 바치겠다고 결심했소. 오늘 나의 첫 정치 계획을 발표하려 하오. 먼저 묻겠소. 지도자가 해야 할 가장 중요한 일이 무엇이라고 생각하오?"

선덕 여왕의 질문에 어느 신하도 선뜻 대답하지 못했어요.

"그럼 내가 말하리다. 지도자에게 가장 중요한 것은 백성의 마음을 얻는 것이오."

"백성이라 하시면 귀족과 부자를 말하는 것이옵니까?"

"무슨 소리! 내가 마음을 얻고 싶은 백성은 보통 백성들이오. 먼저 나는 가난한 사람들의 마음을 얻고 싶소. 신라에는 과부나 고아 등 가난한 사람이 많소. 나는 나라의 재산으로 그들을 도우려고 하오."

선덕 여왕의 말에 조금 전까지 수군거리던 신하들이 속으로 생각했어요.

'괜한 걸 걱정했구나. 여왕은 지혜로우시니 신라는 잘될 것이다.'

이해에 여왕은 당나라에 사신을 보내 새 왕이 즉위했음을 알렸어요. 당나라 황제는 사신에게 축하 선물을 주었어요.

신라로 돌아온 사신이 선덕 여왕에게 선물을 바쳤어요. 당나라 황제의 선물은 모란꽃이 그려진 그림과 그 꽃의 씨앗이었어요. 그림을 본 선덕 여왕이 말했어요.

"저 씨앗에서 필 꽃에는 향기가 없겠구나."

"어떻게 그걸 아시옵니까?"

"보아라. 그림에 나비가 없지 않으냐."

얼마 후 씨앗이 자라 꽃이 피었어요. 선덕 여왕의 말대로 꽃에서는 향기가 나지 않았어요. 신하들은 입을 모아 여왕의 지혜를 칭송하였어요.

선덕 여왕은 꽃을 가리키며 신하들에게 말했어요.

"나는 당나라 황제가 보낸 모란꽃 그림을 보고 속이 상했다. 꽃은 여자를 상징하고, 나비는 남자를 상징한다. 나비가 없는 꽃 그림을 보낸 것은 남편이 없는 나를 놀린 것이다. 아무리 당나라 황제라고 해도 어떻게 다른 나라의 왕을 놀릴 수 있단 말이냐!"

"소신들은 미처 그 생각을 못했사옵니다."

"당나라 황제가 날 무시하는 건 신라의 힘이 약하기 때문이다. 나는 맹세한다. 신라를 어떤 나라도 무시하지 못하는 강한 나라로 만들겠노라!"

깨알
인물 정보

선덕 여왕의 모란꽃 이야기는 《삼국사기》와 《삼국유사》에 전해 와요. 이후 선덕 여왕은 신하들을 잘 통솔해 백제와 고구려의 공격을 거뜬히 막아 냈어요. 또한 '인평'이라는 독자적인 연호를 사용하여 신라의 자주성을 지키고자 했어요.

선덕 여왕

신라를 발전시킨 여왕

선덕 여왕은 신라 최초의 여왕이에요.

여자도 얼마든지 좋은 왕이 될 수 있어!

국가
신라

살았던 때
?~647년

직업
신라 제27대 왕

왕으로 나라를 다스린 때
632~647년

성격
너그럽고 슬기로움.

별명
지혜의 왕, 초능력자

관심사
신라 지키기, 백성 위로하기

싫어하는 것
여왕이라고 무시하는 것

특기
예언 능력

가족 관계
아버지: 신라 제26대 왕, 진평왕
어머니: 마야 부인

여자인데 왕이 될 수 있었던 이유
1. 진평왕에게 아들이 없었음.
2. 남자 왕족 중에서 성골*이 없었음.

신라의 반란
647년 비담이란 신하가 반란을 일으켰어요. 선덕 여왕은 반란이 일어난 해에 죽었어요.

깨알 연계 정보

*성골은 신라 신분 제도의 첫째 등급으로 부모가 모두 왕족인 사람을 말해요. 이러한 신라의 신분 제도를 '골품 제도'라고 하는데, 자세한 내용은 57쪽에서 볼 수 있어요.

만든 시대:
신라 선덕 여왕 때

위치:
경상북도 경주시

특징:
국보 제31호,
동양에서 가장 오래된
천문대

용도:
천문 관측대로,
하늘의 별을 관찰하여
농사 시기를 결정하고,
국가의 길흉을 점쳤음.

높이:
9.17m

구조:
① 정상부
② 창
③ 원통부
④ 기단부

① 정상부:
첨성대 안쪽에 설치된
사다리를 타고 올라와
이곳에서 별을 관찰함.

② 창:
바깥쪽에 사다리를 놓고
창을 통해 첨성대 안으로
들어감.

③ 원통부:
약 362개의 돌을
술병 모양으로
27단을 쌓아 올림.

④ 기단부:
받침대 역할을 함.

선덕 여왕의 능력 있는 신하

김춘추(왕족)
맡은 일: 외교
업적: 목숨을 걸고 고구려
에 사신으로 갔어요.

김유신(장군)
맡은 일: 군사
업적: 백제의 공격을 막
고, 반란을 진압했어요.

신라가 배출한 3명의 여왕

선덕 여왕
신라 제27대 왕.
당나라의 도움을
받아 백제를 침공하
고, 당나라에 유학
생을 보내 문화를
받아들였어요.

진덕 여왕
신라 제28대 왕.
김춘추를 당나라에
보내 군사 원조를
받고, 김유신과
함께 삼국 통일의
기초를 닦았어요.

진성 여왕
신라 제51대 왕.
왕 자리에 있는
중에 나라가 혼란에
빠졌고, 이후 한반도
는 후삼국으로 나누
어졌어요.

죽을 각오로 싸워라!

국경을 지키는 병사가 겁에 질린 얼굴로 의자왕에게 보고했어요.

"동쪽에서는 신라 군대가, 서쪽 바다에서는 당나라 군대가 쳐들어오고 있습니다!"

평소 나랏일을 게을리하던 의자왕의 얼굴이 하얗게 질렸어요.

'이럴 줄 알았으면 군사력을 키우라는 충신 말을 들을걸!'

하지만 후회해도 소용없었어요. 의자왕은 계백 장군을 불렀어요.

"계백! 동쪽에서 쳐들어오는 신라를 막아라. 꼭 막아야 한다. 너의 군대가 무너지면 백제는 망한다."

"반드시 막겠나이다."

계백은 병사들을 불러 모았어요. 병사 수는 약 5천 명이었어요. 계백이 말했어요.

"백제의 운명은 우리 손에 달렸다. 죽

38

을 각오로 싸우자. 죽는 게 두려워 도망가는 자는 내가 용서하지 않을 것이다. 알겠느냐?"

"예!"

계백은 5천 명의 결사대를 이끌고 황산벌에 도착했어요. 주변을 둘러본 계백이 명령을 내렸어요.

"여기서 신라를 막는다. 전투 준비를 하라!"

잠시 뒤 김유신이 지휘하는 신라군이 나타났어요. 신라군을 본 백제 병사들은 깜짝 놀랐어요.

"으악! 우리보다 병사들이 훨씬 많아. 어떻게 막지?"

하지만 계백은 태연한 얼굴로 병사들에게 말했어요.

"두려워 말라! 죽기를 각오하면 그 어떤 적이 두렵겠느냐?"

계백의 말에 병사들도 용기를 얻었어요. 곧 전투가 벌어졌어요. 그런데 놀라운 일이 일어났어요. 네 번에 걸친 전투에서 백제군이 모두 승리를 거둔 거예요. 수가 많다고 의기양양하던 신라군의 사기는 뚝 떨어졌어요.

하지만 반굴과 관창이라는 어린 화랑의 죽음에 자극을 받은 신라군의 사기가 다시 올라갔어요. 신라군은 백제군에게 총공격을 퍼부었어요. 다섯 번째 전투였어요.

결국 계백은 이 전투에서 장렬히 최후를 맞이했고, 백제는 패하고 말았어요.

깨알 인물 정보 황산벌 전투에서 백제군은 대부분 전사했어요. 가장 용맹한 결사대가 무너지자 백제는 더 이상 전투다운 전투도 해 보지 못하고 신라와 당나라 연합군에 무너지고 말았답니다.

계백

끝까지 백제를 지킨 용맹한 장군

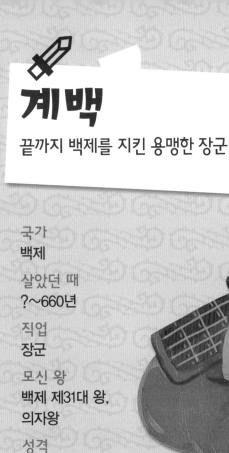

목숨을 바쳐
백제를
구할 테다!

계백이 지휘한 부대
5천 명의 백제 결사대 *

죽은 곳
황산벌. '황산'은 지금의 충청남도 논산 지방을 뜻하고, '벌'은 넓고 평평하게 생긴 땅, 즉 들판을 뜻하는 우리말이에요.

국가
백제

살았던 때
?~660년

직업
장군

모신 왕
백제 제31대 왕, 의자왕

성격
용감하고 지도력이 있음.

별명
백제의 영웅

관심사
신라 군대를 막는 일, 승리하기

싫어하는 것
전쟁터에서 물러서는 것

특기
전투, 끝까지 버티기

깨알
연계 정보

* 결사대란 전쟁에서 죽기를 각오하고 있는 힘을 다해서 싸우는 군대를 가리키는 말이에요. 계백이 지휘한 5천 명의 병사는 우리 역사에서 대표적인 결사대로 꼽혀요.

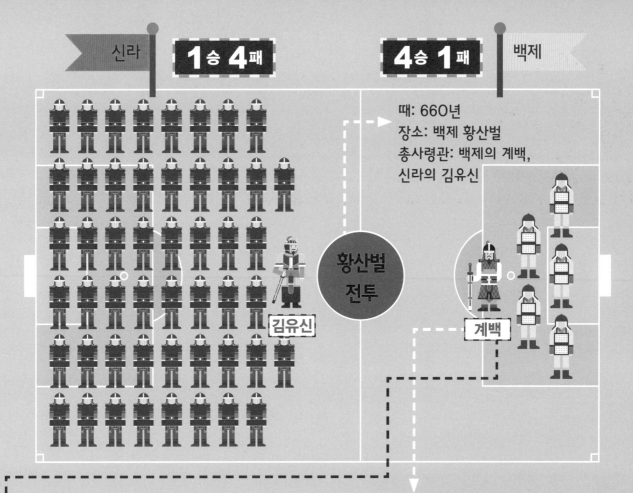

신라 **1승 4패** **4승 1패** 백제

때: 660년
장소: 백제 황산벌
총사령관: 백제의 계백,
신라의 김유신

황산벌
전투

김유신

계백

전투 국가	1차	2차	3차	4차	5차
신라	패배	패배	패배	패배	승리
백제	승리	승리	승리	승리	패배

계백을 '백제의 영웅'이라고 하는 이유

660년 신라와 당나라가 백제로 쳐들어왔어요. 계백은 신라 군사를 막는 임무를 맡았는데, 당시 신라 군사는 백제 군사보다 10배나 많았어요. 그럼에도 계백은 앞장서서 신라 공격을 4차례나 잘 막았어요. 최후 전투에서 끝내 전사했지만 계백의 용감한 자세는 백제의 자랑이 되었어요.

계백이 죽은 후의 결과

황산벌 전투에서 이긴 신라는 백제 수도인 사비성(지금의 충청남도 부여)으로 쳐들어갔어요. 백제의 의자왕은 제대로 싸우지도 못하고 항복했고, 이로써 백제는 망했어요.

끝까지 충성을 다한 백제의 신하

계백
신라 군대의 공격을
막다가 전사했어요.

성충
잘못된 정치를
고치려고 애쓰다가
감옥에서 죽었어요.

흥수
의자왕에게 신라·당
나라 연합군을 막을
방법을 말했어요.

김유신은 천하무적!

"큰일 났습니다. 비담이 반란을 일으켰습니다."

647년 신하가 허겁지겁 달려와 선덕 여왕에게 말했어요. 비담은 당시 가장 높은 벼슬을 맡은 신하였어요. 비담이 이끄는 반란군은 궁궐 근처에 모여 공격할 준비를 하였어요.

선덕 여왕은 황급히 명령을 내렸어요.

"김유신 장군을 불러라!"

김유신은 '천하무적 김유신'이란 별명이 있을 만큼 많은 전투에서 승리를 거둔 장수였어요.

선덕 여왕은 김유신에게 반란군을 진압하라는 명령을 내렸어요.

그런데 그날 밤, 별똥별 하나가 선덕 여왕이 사는 궁궐에 떨어졌어요. 그러자 궁궐 안에 이런 소문이 퍼지기 시작했어요.

"별이 떨어진 것은 선덕 여왕이 죽고 반
란군이 승리한다는 징조다."
이 소문으로 반란군의 사기는 오르고,
선덕 여왕을 지키는 병사들의 사기는 떨
어졌어요. 백성들은 왕이 바뀔지도 모른다며
수군거렸지요.
그러자 김유신은 급히 부하들에게 명령을 내렸어요.
"커다란 연을 만들어라!"
연이 다 만들어지자 김유신은 연에 불을 붙여 하늘로 띄워 보냈어요. 밤하늘로 올라가는
연의 모습은 마치 별이 올라가는 것 같았어요.
연을 띄우자마자 김유신은 이런 소문을 퍼뜨렸어요.
"떨어졌던 별이 다시 하늘로 올라갔다. 이것은 여왕의 군대가 이긴다는 징조다."
소문은 금방 퍼져 나갔어요. 반란군의 사기는 떨어지고, 선덕 여왕을 지키는 병사들의 사
기는 올라갔어요.
김유신이 병사들에게 말했어요.
"반란군은 지금 벌벌 떨고 있을 것이다. 때는 지금이다. 당장 쳐부수러 가자!"
연을 이용해 심리전에 성공한 김유신은 가볍게 반란군을 진압했답니다.

**깨알
인물 정보**

선덕 여왕이 죽은 후 진덕 여왕, 태종 무열왕, 문무왕이 왕 자리를 물려받았어요. 신라가 삼
국 통일을 완성한 것은 문무왕 때였어요. 김유신은 문무왕이 즉위했을 때 노인이었지만 군
대를 지휘해 삼국 통일을 도왔어요.

김유신

삼국 통일*에 큰 공을 세운
신라 장군

죽는 날까지
신라에 충성!

국가
신라

살았던 때
595~673년

직업
장군

성격
꾀가 많고 용감함.

별명
천하무적 김유신

관심사
승리하기

싫어하는 것
지는 것

특기
칼 솜씨, 작전 짜기, 심리전

가족 관계
아버지: 신라 장군, 김서현
여동생: 김춘추(태종 무열왕)의
아내가 된 김문희

특이한 점
김유신의 조상은 원래 금관가야의 왕이었어요. 김유신의 할아버지와 아버지가 신라에 큰 공을 세워 신라의 귀족 가문이 되었어요.

김유신이 가장 기뻤던 때
백제에 이어 고구려까지 정복했을 때

깨알 연계 정보

*통일은 분열된 나라를 하나로 통합하는 거예요. 신라는 당나라와 군사 동맹을 맺은 후 660년에 백제를, 668년에 고구려를 정복하고 당나라를 몰아내 삼국 통일을 완성했어요.

01

김유신이 한 일

- 선덕 여왕 때 일어난 반란을 진압해 왕을 구했어요.
- 백제, 고구려와의 전투에서 큰 공을 세웠어요.
- 고구려를 정벌한 후 한반도에서 당나라를 몰아내는 데 힘썼어요.

02

흥무 대왕

죽어서 대왕이 된 김유신

김유신은 죽은 후에 '흥무 대왕'이라고 추봉되었어요. 추봉은 죽은 뒤에 벼슬을 내리는 것을 뜻해요.

03 신라, 삼국을 통일하다!

삼국 시대

4세기 초~7세기 중엽까지 한반도에는 고구려, 백제, 신라, 세 나라가 있었어요. 고구려는 수, 당나라와 치열한 전쟁을 벌였고, 백제는 신라를 자주 공격했어요.

백제 멸망

백제의 공격에 위기에 처한 신라는 고구려에 도움을 청했으나 실패했어요. 그리하여 신라는 당나라와 동맹을 맺고 백제를 공격했어요. 신라는 황산벌에서 계백의 저항을 물리치고 백제를 멸망시켰어요.

고구려 멸망

이후 신라와 당나라는 고구려를 공격하여 평양성을 함락하고 고구려를 멸망시켰어요.

나당 전쟁 **04**

당 신라 백제 고구려

신라와 힘을 합쳐 싸우던 당나라는 백제와 고구려가 멸망한 후 야심을 드러냈어요.

당 신라

백제, 고구려뿐만 아니라 신라까지 지배하려고 하였지요. 이에 신라는 당나라를 몰아내기 위해 전쟁을 벌였어요.

신라

기벌포 싸움에서 이김으로써 대동강 이남 땅에서 당나라를 완전히 몰아내고 통일을 이룩했어요.

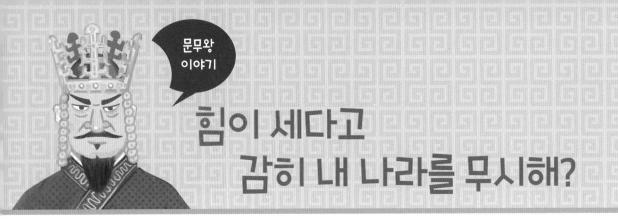

힘이 세다고 감히 내 나라를 무시해?

편지를 읽는 문무왕의 손이 부들부들 떨렸어요. 편지는 671년 당나라 장수인 설인귀가 보낸 편지였어요. 편지에는 이런 내용이 적혀 있었어요.

"신라는 분수도 모르고 왜 당나라에 맞서느냐? 당장 항복하라."

신라와 당나리는 648년 군사 동맹을 맺었어요. 두 나라는 힘을 합쳐 백제와 고구려를 멸망시켰어요. 하지만 당나라는 동맹을 어기고 삼국을 모두 지배하려고 했어요. 여기에 신라가 맞서자 설인귀가 항복을 요구하는 편지를 보낸 거예요.

이때 당나라는 중국 대륙을 지배하는 강하고 큰 나라였어요. 용기가 없었다면 설인귀의 협박에 고분고분 따랐을지도 몰라요. 하지만 문무왕은 그러지 않았어요. 문무왕은 글을 잘 쓰는 신하에게 명령했어요.

"이런 답장을 써서 보내라. 신라와 당나라는 백제와 고구려를 정복한 후 대동강을 경계선으로 땅을 나눠 갖기로 동맹을 맺었다. 그러니 당나라가 대동강 남쪽의 신라를 넘보는 것은 동맹 위반이다. 당나라는 당장 물러가라!"

문무왕의 답장을 받은 설인귀는 분노했어요. 두 나라 사이에 머지않아 큰 전쟁이 일어날 것 같았어요.

문무왕의 능력은 위기 때 빛이 났어요. 문무왕은 명령을 내렸어요.

깨알 인물 정보

삼국 통일을 완성한 후 문무왕은 681년 죽을 때까지 오랜 전쟁에 지친 백성들이 편히 살 수 있는 정책을 추진했어요. 삼국 통일을 완성한 676년 이후의 신라를 '통일 신라'라고 해요.

"우리가 똘똘 뭉치면 무엇이 두렵겠느냐? 국경에 성을 쌓고, 당나라군을 막을 배를 많이 만들어라!"

문무왕은 밤잠을 자지 않고 당나라 침략에 대비했어요. 왕이 모범을 보이니 신하와 백성들도 문무왕을 따랐지요. 반면에 당나라는 "신라쯤이야."라고 생각했어요.

당나라는 675년에 20만 대군을 이끌고 신라를 공격했어요. 하지만 전쟁 준비를 충분히 한 신라는 당나라의 공격을 거뜬히 막아 냈어요.

이후 676년 당나라는 바다를 건너와 신라를 다시 공격했어요. 하지만 신라는 금강 하류 기벌포에서 당나라를 크게 격파했어요. 이후 당나라는 더 이상 신라를 넘보지 않았어요. 이로써 신라는 완전한 삼국 통일을 이룰 수 있었어요.

당나라를 완전히 몰아낸 후 문무왕은 감격에 젖었어요. 아버지 태종 무열왕이 생각났어요. 태종 무열왕은 죽기 전 자신이 이루지 못한 삼국 통일을 꼭 이뤄 달라고 했어요. 문무왕은 하늘을 올려다보며 말했어요.

"아버님, 보고 계시옵니까? 제가 아버님의 꿈을 이루었습니다!"

문무왕

나당 전쟁*에서 승리해
삼국 통일을 완성한 왕

왕은 늘 나라와 백성을 걱정해야 한다!

국가
신라

살았던 때
?~681년

직업
신라 제30대 왕

왕으로 나라를 다스린 때
661~681년

성격
엄격하면서도 인자함.
(잘못을 저지른 신하에게는
큰 벌을 내리고, 가난한
백성들을 위해서는 빚을
줄여 주는 정책을 폈어요.)

별명
통일왕

관심사
완전한 삼국 통일, 백성의 행복

싫어하는 것
힘센 나라에 굽신거리는 것

특기
작전 세우기

가족 관계
아버지: 신라 제29대 왕,
태종 무열왕
아들: 신라 제31대 왕,
신문왕

유언
"나는 죽으면 용이 되어
신라를 지키겠다."

깨알 연계 정보

*신라는 당나라와 동맹을 맺고, 백제와 고구려를 정복했어요. 그런데 당나라는 동맹을 깨고 고구려,
백제의 땅은 물론이고, 신라의 땅까지 차지하려고 했어요. 이를 저지하고 당을 물리친 전쟁이 바로 나
당 전쟁이에요.

문무왕은 죽기 전 "나는 죽으면 용이 되어 신라를 지키겠다."라는 유언을 남겼어요. 유언에 따라 그의 아들 신문왕은 동해에 있는 큰 바위에 문무왕을 묻었어요. 이 바다 무덤을 '문무 대왕릉' 또는 '대왕암'이라고 해요.

경상북도 경주시 앞바다에 위치한 신라 문무왕의 무덤, 사적 제158호.

문무왕은 어떤 과정을 거쳐 삼국 통일을 이루었을까?

1. 660년 태자 신분으로 백제 정복 전쟁에 참여했어요.
2. 668년 당나라와 힘을 합쳐 고구려를 멸망시켰어요.
3. 676년 신라 땅을 넘보던 당나라를 몰아냈어요.

신기한 피리 전설

문무왕이 죽은 후 동해에 작은 산 하나가 떠내려왔어요. 산 위에는 대나무 한 그루가 서 있었어요. 이를 본 점쟁이는 산 위의 대나무로 피리를 만들어 불라고 했어요. 점쟁이의 말대로 대나무로 피리를 만들어 불자 신기한 일이 일어났어요. 이 피리를 불면 적군이 물러가고, 가뭄에는 비가 오고, 장마에는 날씨가 갰어요. 신라는 이 피리를 모든 걱정을 없애는 피리라는 뜻으로 '만파식적'이라고 부르고, 보물로 간직했어요.

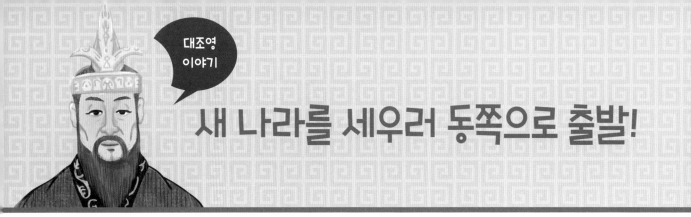

새 나라를 세우러 동쪽으로 출발!

"으악! 호랑이다!"

앞에 가던 병사가 비명을 질렀어요. 대조영은 비명을 지른 병사에게 호통을 쳤어요.

"호랑이가 뭐가 무섭다고 그러느냐? 우리 뒤엔 호랑이보다 더 무서운 당나라 군사들이 쫓아오고 있다."

대조영의 호통에 병사들이 호랑이를 향해 일제히 화살을 쏘았어요.

퍽, 퍽, 퍽! 화살이 꽂히는 소리와 함께 호랑이가 고꾸라졌어요.

대조영이 이끄는 고구려 사람들과 말갈족은 동쪽으로 계속 이동했어요.

당나라를 떠나온 그들의 목표는 고구려의 역사를 잇는 새 나라를 세우는 것이었어요.

당나라를 떠난 사람들은 그동안 죽을 고생을 했어요. 계속되는 당나라의 추격을 따돌리며 진흙탕 길을 건너고 수많은 고개를 넘었어요. 또 크고 작은 강을 건너 동쪽으로 계속 이동했어요.

그럼에도 불구하고 사람들이 버틸 수 있었던 것은 강력한 지도자인 대조영의 뛰어난 지도력 덕분이었어요.

길을 걷다 숲을 둘러본 대조영이 명령을 내렸어요.

"나무와 덤불 뒤에 숨어라. 그리고 명령을 내리면 일제히 활을 쏘아라!"

대조영의 명령에 따라 활을 든 무리들이 나무와 덤불 뒤로 몸을 감추었어요.

얼마 지나지 않아 당나라 병사들의 소리가 들렸어요.

"이놈들이 어디로 간 거야?"

대조영은 높은 나무 위에서 당나라 병사들이 다가오는 걸 노려보았어요. 먹이를 노리는 호랑이처럼 눈이 빛났어요.

"이때다! 총공격!"

휙, 휙, 휙!

대조영이 명령을 내리자 화살들이 바람을 가르며 날아갔어요. 기습 공격은 성공이었어요. 큰 피해를 입은 당나라는 추격을 포기하고 도망쳤어요.

대조영은 승리에 만족하지 않고 무리를 이끌고 동쪽으로 계속 이동했어요. 당나라에서 멀리 떨어진 곳이어야 안전하다고 생각했기 때문이에요. 마침내 698년, 대조영과 무리는 동모산 기슭에 도착했어요. 주변을 둘러본 후 대조영이 소리쳤어요.

"멈춰라! 이곳에 새 나라를 세우자. 고구려를 잇는 우리들의 나라를!"

깨알 인물 정보
동모산에 수도를 정한 대조영은 주변 부족과의 전투에서 연이어 승리하며 발해의 땅을 넓혔어요. 이후 발해는 수도를 더 살기 좋은 상경 용천부로 옮겼답니다.

대조영

고구려를 이어받은 나라인
발해를 세운 왕

고구려는
영원하다!

국가
발해

살았던 때
?~719년

직업
발해 제1대 왕

발해를 세운 때
698년

왕으로 나라를 다스린 때
698~719년

성격
의지가 강함.

별명
개척왕

관심사
고구려의 부흥,
고구려에 관한 모든 것

싫어하는 것
당나라의 지배를 받는 것

특기
추진하기, 협력하기
(발해를 세울 때 말갈족*과
잘 협력했어요.)

특이한 점
고구려가 멸망한 후 당
나라는 많은 고구려 사
람을 당나라 땅으로 강
제로 끌고 갔어요.
대조영은 이때 끌려간
고구려 사람이에요.

자랑거리
늠름한 아들 무왕(대무
예)이에요. 719년 대조
영에 이어 발해의 왕이
된 무왕(대무예)은 군사
력을 키워 당나라로 쳐
들어가 압록강 하류 지
역까지 땅을 넓혔어요.

**깨알
연계 정보**

*말갈족은 한반도 북쪽에 살았던 유목 민족이에요. 대조영이 고구려 사람들을 이끌고 당나라를 떠날
당시, 당나라에 살던 말갈족도 함께 떠났어요.

발해의 또 다른 이름

海 東 盛 國

바다 **해**　　　동쪽 **동**　　　번성할 **성**　　　나라 **국**

'해동성국'은 번영기 때의 발해를 중국에서 이르던 말로,
동쪽 바다의 번성한 나라라는 뜻이에요.

발해의 역사

- 698년 대조영이 땅이 기름진 동모산 지역에 발해를 세웠어요.
- 대조영의 뒤를 이은 제2대 왕, 무왕(대무예)이 영토를 크게 넓혔어요.
- 나라 힘이 강해진 후 발해는 당나라, 일본과 교류했어요.
- 926년 거란에 의해 망할 때까지 200년 넘게 한반도 북부 지역을 지배했어요.

발해 사람들이 즐긴 돼지고기와 된장

발해는 한반도 북쪽에 위치하여 날씨가 추웠어요. 그래서 추위를 잘 견디기 위해 돼지고기와 같은 지방을 많이 섭취했어요. 또 밭에서 콩을 길러 이것으로 된장을 만들어 먹기도 했어요.

돼지고기

된장

삼국 시대, 남북국 시대, 후삼국 시대란?

삼국 시대
고구려, 백제, 신라가
있었던 시대

남북국 시대
북쪽에는 발해, 남쪽에는
통일 신라가 있었던 시대

후삼국 시대
후고구려, 후백제, 통일
신라가 있었던 시대

신라에는 더 이상 희망이 없다!

"부르심을 받고 대령하였나이다."

894년 최치원은 진성 여왕 앞에 섰어요. 진성 여왕이 말했어요.

"나는 늘 신라의 앞날을 걱정하였다. 하지만 네가 쓴 〈시무책 10여 조〉를 읽고서 힘이 났다. 신라가 다시 부흥할 수 있을 거란 희망이 생긴 거지."

그 말에 최치원도 희망이 생겼어요.

당나라에서 유학을 마치고 돌아온 최치원은 이런저런 벼슬을 했어요. 벼슬을 해 보니 걱정이 커졌어요. 이대로 가다간 신라가 망할지도 모른다는 생각이 든 거지요. 정치는 부패하였고 백성은 갈수록 나라를 원망하였거든요.

〈시무책 10여 조〉를 쓴 것도 신라를 이대로 내버려 둬서는 안 된다는 생각에서였어요. 다행히 진성 여왕이 시무책을 받아들였으니, 참으로 다행이라고 생각했어요.

진성 여왕이 말했어요.

"너에게 6두품이 오를 수 있는 제일 높은 벼슬인 아찬 벼슬을 주마. 선두에서 개혁을 추진하라!"

"개혁에 성공하여 은혜에 보답하겠나이다."

최치원은 의욕적으로 신라 개혁을 추진했어요. 그러나 신라 개혁은 며칠 안 가 벽에 가로막혔어요.

신라에는 최치원보다 벼슬이 높은 신하가 많았어요. 부자 귀족도 많았지요. 이들이 신라의 지도층을 이루고 있었어요.

어느 나라든 개혁이 성공하려면 지도층부터 변해야 해요. 자신들이 평소에 누리던 혜택을 양보해야 하지요.

그러나 불행히도 신라 지도층은 개혁에 반대했어요. 이때 진성 여왕이 최치원의 든든한 버팀목이 되어 주어야 하는데 그러질 못했어요. 정치 혼란으로 왕의 힘이 약해져 신하와 귀족들을 제대로 다스리지 못했기 때문이에요.

결국 개혁은 실패했어요. 실망과 좌절을 느낀 최치원은 벼슬을 버리고 경주를 떠났어요. 떠나던 날, 최치원은 우울한 얼굴로 말했어요.

"슬프다! 더 이상 신라에는 희망이 없다. 나는 산으로 떠나련다."

깨알
인물 정보

최치원의 예상대로 갈수록 신라는 약해졌어요. 후고구려, 후백제가 생긴 후부터는 두 나라의 눈치를 보는 약한 나라가 되었고, 결국 935년 고려에 항복했어요.

최치원

통일 신라 말기 개혁을
주장한 학자

신라는 변화가
필요하다!

국가
통일 신라

살았던 때
857~?년

직업
학자, 정치가

성격
소신이 뚜렷하고 자존심이 강함.

별명
최 천재

관심사
약해진 신라 발전시키기,
공부하기, 시 짓기

싫어하는 것
부패한 신하들, 아첨하는 신하들

특기
글쓰기(당나라에서 벼슬 생활을
할 때 글을 잘 쓰는 사람으로
유명했어요.)

신분
6두품

특이한 점
열두 살 때 당나라에 유
학을 갔어요.

자랑거리
당나라 과거 시험에 1등
으로 합격했어요.

남긴 것
신라의 개혁을 주장한
글 〈시무책*10여 조〉

전설
신라 개혁에 실패한 최
치원은 벼슬을 버리고
산으로 들어가 행방을
감췄어요. 그래서 최치
원이 신선이 되었다는
전설이 생겼어요.

**깨알
연계 정보**

*시무책이란 그 시대의 중요한 일을 이루기 위한 방법을 뜻해요. 주로 급히 해결해야 하는 일에 대하
여 신하가 왕에게 올려요. 최치원은 894년 진성 여왕에게 시무책을 올렸어요. 최치원 외에 후대에도
고려 학자 최승로와 조선 학자 이이 등이 시무책을 올렸어요.

골품 제도

골품 제도는 신라 때 혈통에 따라 나눈 신분 제도예요. 신라에서 사회 활동이나 정치 활동은 골품에 따라 결정되었어요.

성골 – 왕

성골은 골품 제도의 첫째 등급으로 부모가 모두 왕족인 사람이에요.

진골 – 왕족, 최고 귀족

진골은 골품 제도의 둘째 등급으로 부모 중 어느 한쪽이 왕족인 사람이에요. 최고 귀족으로 중요한 벼슬을 맡았어요. 신라 제29대 왕 태종 무열왕 때부터는 진골 출신이 왕이 되기도 했어요.

육두품, 오두품, 사두품 – 일반 귀족

육두품에서 사두품까지는 일반 귀족들이 해당하는 등급으로 벼슬을 할 수 있었어요.

삼두품, 이두품, 일두품 – 일반 백성, 천민

삼두품에서 일두품까지는 일반 백성, 천민이 해당하는 등급이에요.

새 나라 건국

통일 신라의 힘이 약해진 틈을 타 호족들이 새 나라를 세웠어요. 호족은 지방에 사는 경제력이나 군사력이 강한 세력을 말해요.

후백제 건국
누가? 견훤
언제? 900년

후고구려 건국
누가? 궁예
언제? 901년

신라를 대표하는 유학생

신라 시대에는 중국으로 유학을 가 새로운 문물을 공부한 사람들이 있었어요.

원광
신라 진평왕 때의 승려. 중국 수나라에서 유학한 뒤, 신라로 돌아와 불교를 발전시키고, 화랑의 중심 이념인 '세속 오계'를 지었어요.

의상
통일 신라 시대의 승려. 중국 당나라에서 불교의 한 종파인 '화엄'을 공부한 뒤, 통일 신라로 돌아와 화엄종을 가르쳤어요.

후삼국을 통일하라!

918년, 왕건이 고려를 세우자 한반도에서는 신라, 후백제, 고려가 힘을 겨루게 되었어요. 왕건은 후삼국을 통일하고자 후백제를 공격하는 한편, 신라에 대해서는 친화 정책을 썼어요.

927년, 고려 국경을 지키던 병사가 왕건에게 긴급하게 보고를 했어요.

"후백제의 견훤이 신라 경주로 쳐들어가고 있다 하옵니다!"

왕건은 깜짝 놀랐어요. 후백제가 경주를 정복한다면 후백제의 힘이 더 강해질 게 뻔했기 때문이에요.

침착한 왕건이었지만 이번에는 달랐어요. 왕건은 왕관을 벗고 갑옷을 입었어요.

"어떤 일이 있어도 후백제의 경주 정복을 막아야 한다. 모든 병사를 모아라! 내가 친히 군대를 이끌고 신라를 구하러 가겠노라!"

왕건이 이끄는 고려군은 경주로 향했어요. 그러나 고려군이 한발 늦었어요. 이미 견훤이 경주를 정복하고 떠난 뒤였으니까요.

왕건이 장군에게 물었어요.

"견훤은 지금 어디에 있느냐?"

"고려군이 내려온다는 소식에 경주를 떠나 후백제로 돌아가는 중이옵니다."

"당장 후백제 군대를 추격하라!"

며칠 동안 후백제군을 뒤쫓던 고려군은 달구벌(지금의 대구) 근처에 있는 팔공산에 도착했어요. 고려군은 팔공산 아래에서 기다리다가 후백제군을 공격할 계획이었어요. 그러나 이

번에도 고려군이 한발 늦었어요. 후백제군이 이 계획을 미리 알아채
고는 고려군을 기습 공격하기 시작한 거예요.

"고려군을 향해 공격!"

후백제 병사들의 창과 칼이 파도처럼 밀려왔어요. 말을 탄 왕건이 칼을
들고 소리쳤어요.

"당황하지 마라! 물러나지 마라!"

그러나 고려군은 후백제의 공격에 점점 밀렸어요. 왕건이 탄 말도 겁에 질
린 듯 뒷걸음질 치기 시작했어요.

사방에서 창과 칼이 부딪치는 소리와 비명 소리가 점점 더 커져
갔어요.

결국 승리는 후백제로 기울었어요. 고려군은 많은
병사들이 죽고 도망친 병사까지 생겨 어느새 절반으
로 줄어들었어요.

그때 후백제의 장군이 왕건을 발견했어요. 후백제의
장군은 왕건 쪽으로 칼을 겨누며 소리쳤어요.

"저기 왕건이 있다! 왕건만 죽이면 고려는 끝이다!"

그 말에 한 무리의 후백제 병사들이 왕건 쪽을 향해
달려왔어요.

그 모습을 본 고려 병사들은 왕건을 보호하기 위해 재빨리 왕건이 탄 말을 에워쌌어요. 그와 동시에 고려의 두 장군이 왕건을 말에서 끌어내렸어요. 신숭겸과 김낙 장군이었어요.

신숭겸이 왕건에게 말했어요.

"피하셔야 합니다."

"병사들을 두고 어찌 피한단 말이냐?"

"왕이 죽으시면 고려도 죽습니다. 고려를 위해 목숨을 보전하소서!"

왕건이 머뭇거리는 사이 신숭겸이 왕건의 투구와 갑옷을 벗겼어요.

"이놈! 뭐 하는 짓이냐?"

"제가 왕으로 변장하겠습니다. 그사이에 피하소서!"

왕건의 투구와 갑옷을 입은 신숭겸이 말에 올랐어요. 김낙은 왕건을 다른 말에 태웠어요.

왕건은 후퇴하기 전 뒤를 돌아보았어요. 신숭겸과 김낙이 이끄는 병사들이 후백제군을 향해 칼을 휘두르고 있었어요.

며칠 후 왕건은 초라한 모습으로 고려로 돌아왔어요. 고려를 떠날 때 고려군은 약 5천 명이었어요. 하지만 살아 돌아온 병사는 수백 명에 불과했어요. 결국 신숭겸과 김낙 장군도 돌아오지 못했어요.

두 장군이 왕건을 위해 목숨을 바친 것은 평소에 장군들이 왕건을 믿고 따랐기 때문이에요. 왕건은 부하들에게 인자했어요. 공을 세우면 공정하게 상을 주었지요. 이러한 성품 덕분에 왕건은 장군과 병사들의 신뢰를 얻을 수 있었어요.

신하들을 모은 왕건이 말했어요.

"고려가 진 것은 모두 내 탓이다. 나는 평소답지 않게 서둘렀다. 그러나 두 번의 패배는 없다. 나는 신중할 것이다. 침착할 것이다. 고려의 힘을 차근차근 키워 후백제에 복수할 것이다. 고려에 아직 희망은 있다!"

왕건은 자신이 말한 약속을 지켰어요. 고려는 차근차근 군사력을 키웠어요.

930년 왕건은 팔공산 전투의 패배를 설욕했어요. 고창(지금의 경상북도 안동)에서 벌어진 전투에서 후백제를 크게 이겼어요. 이 승리를 계기로 고려는 후삼국 통일에서 유리한 고지에 서게 되었어요.

이후 935년, 후백제에서 왕 자리를 두고 싸움이 일어났어요. 이로 인해 견훤이 아들 신검에게 쫓겨나 고려에 항복했어요. 고려는 견훤을 받아들였어요. 같은 해 신라의 경순왕도 제 발로 고려를 찾아와 항복했어요. 나날이 신라 땅이 줄어들고, 국력이 약화되자 경순왕과 신하가 협의한 끝에 결정한 것이었어요.

이제 남은 것은 신검이 이끄는 후백제뿐이었어요. 하지만 견훤이 없는 후백제는 더 이상 강한 나라가 아니었어요. 936년 왕건은 경상도 지역에서 신검이 이끄는 후백제를 가볍게 물리쳤어요. 이로써 왕건은 후삼국 통일의 꿈을 이루었어요.

깨알 인물 정보 고려의 후삼국 통일로 인해 우리 민족은 정치적, 사회적, 문화적으로 통합할 수 있었어요. 통일 후 고려는 고구려, 백제, 신라의 다양한 문화를 받아들여 개방적이고 다양한 새로운 문화의 토대를 마련했어요.

왕건

후삼국을 통일하여 고려를
세운 왕

남에게 잘하면
잘한 만큼
돌아온다!

국가
고려

살았던 때
877~943년

직업
고려 제1대 왕

왕으로 나라를 다스린 때
918~943년

왕이 되기 전 직업
장군

왕이 된 후의 이름
태조*

성격
너그럽고 신중함.

별명
통일 영웅, 고려의 시조

관심사
설득하기

싫어하는 것
성급하게 행동하는 것

특기
싸우지 않고 이기기
(왕건은 왕이 된 후 각
지방 실력자들과 좋은
사이를 유지해 고려 편
으로 만들었어요. 또
신라의 왕도 잘 대우해
줘서 나중에 고려에 항
복하게 만들었어요.)

특이한 점
가족 수: 총 64명(부인
29명, 자식 34명)

사돈
고려 각 지방의 실력
자들

부인을 많이 둔 이유
지방의 실력자와 사돈
관계를 맺어 고려 편으
로 만들기 위해

깨알
연계 정보

*'태조'란 나라를 세운 첫 번째 왕에게 붙이는 호칭이에요. 우리나라와 중국에는 태조라는 이름을
가진 왕과 황제가 있어요. 우리나라에는 왕건 외에 조선을 세운 이성계가 태조라는 호칭을 가지고
있답니다.

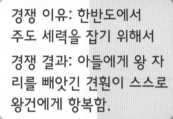

역사의 라이벌

왕건

출신: 궁예의 부하
세운 나라: 고려
왕이 된 때: 918년
성격: 신중하고 인자함.

견훤

출신: 신라 장교
세운 나라: 후백제
왕이 된 때: 900년
성격: 용감하지만 다혈질임.

경쟁 이유: 한반도에서 주도 세력을 잡기 위해서

경쟁 결과: 아들에게 왕 자리를 빼앗긴 견훤이 스스로 왕건에게 항복함.

왕건을 왜 '통일 영웅'이라고 할까?

통일 신라의 힘이 약해진 틈을 타 후고구려, 후백제가 생겼어요. 왕건은 후고구려를 세운 궁예의 부하가 되었다가, 918년 궁예를 몰아내고 고려를 세웠어요. 왕건은 935년 통일 신라와 936년 후백제의 항복을 받아 후삼국을 통일했어요.

신라의 통일과 고려의 통일 비교

신라의 삼국 통일은 당나라의 도움을 받아 이루었지만, 고려의 삼국 통일은 스스로의 힘으로 이룩한 것이에요.

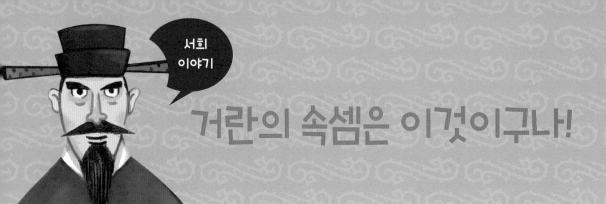

거란의 속셈은 이것이구나!

"거란은 강하다. 나는 고려 북쪽 땅을 거란에 주고 항복하려고 한다."

993년 고려의 제6대 왕 성종은 거란이 고려에 쳐들어오자 얼마 안 돼 항복하려고 했어요.

신하들도 항복을 주장했어요.

하지만 외교가 서희는 이 주장에 반대했어요.

"거란에 항복하는 것은 옳지 않습니다."

"그럼 어떡하면 좋겠느냐?"

"거란은 국경을 넘은 후 계속 북쪽에 머물며 항복을 요구하고 있습니다. 거란이 다른 생각을 품고 있을지도 모릅니다. 제가 거란의 속셈을 알아보겠습니다."

성종은 이를 허락했어요. 서희는 목숨을 걸고 거란의 진지로 갔어요. 거란이 서희를 포로로 잡아 죽일 수도 있었지만 개의치 않았어요.

다행히 거란 장군 소손녕은 서희를 죽이지 않았어요. 그 대신 자기에게 무릎 꿇고 절을 하라고 요구했어요. 하지만 서희는 거절했어요.

"나는 고려를 대표하는 신하이고, 장군도 거란을 대표하는 신하입니다. 어찌 신하가 신하에게 무릎을 꿇는단 말입니까?"

서희의 말에 소손녕은 대꾸하지 못했어요. 잠시 후 두 사람은 탁자를 사이에 두고 마주 앉았어요. 소손녕이 말했어요.

"고려는 왜 송나라를 가까이하고 거란을 멀리하는 거요?"

지혜로운 서희는 그 말을 듣는 순간 거란이 고려에 쳐들어온 이유를 깨달았어요.

'거란이 쳐들어온 진짜 이유는 고려와 송나라의 관계를 끊으려는 것이다!'

신중한 서희는 소손녕에게 말할 내용을 생각했어요. 잠시 후 서희가 입을 열었어요.

"고려는 거란과 좋은 관계를 유지하고 싶습니다. 하지만 거란에 사신을 보내려 해도 중간에 여진족이 막고 있어 못 보냈습니다."

"그럼 여진족이 사는 땅을 고려가 차지하면 될 것 아닙니까?"

"좋습니다. 거란 군대가 고려에서 물러나면, 고려가 여진을 몰아내겠습니다."

소손녕은 서희의 말에 만족한 표정을 지었어요. 며칠 후 거란 군대는 고려를 떠났어요.

고려가 서둘러 항복했다면 고려는 큰 손해를 보았을 거예요. 하지만 서희의 지혜로운 담판으로 손해를 막았을 뿐만 아니라 압록강까지 영토를 확장할 수 있었어요.

깨알
인물 정보

거란이 물러간 후 고려는 압록강 동쪽의 여진족을 몰아내고 그곳에 6개의 성을 쌓았어요. 이를 '강동 6주'라고 해요.

서희

지혜로운 담판*으로 나라를
구한 고려의 외교관

외교를 잘하면
나라를 구할 수 있어!

국가
고려

살았던 때
942~998년

직업
정치가, 외교가

성격
신중하면서도 대담함.

별명
담판의 천재

관심사
외교 담판

싫어하는 것
지레 겁먹고 항복하는 것

특기
다른 사람 마음 읽기,
설득하기

벼슬에 나온 때
960년 과거**에 합격
해서

활약한 때
993년 거란이 침입했을
때

업적
담판으로 거란 공격을
막아 냄.

깨알
연계 정보

*담판은 서로 반대되는 관계에 있는 사람들이 의논하여 옳고 그름을 판단하는 것을 말해요.

**과거는 나랏일을 할 관리를 뽑을 때 실시하던 시험이에요. 우리나라에서 과거를 처음 실시한 때
는 고려 제4대 왕인 광종 때예요.

서희의 외교 담판

고려의 이웃 나라

· 송: 중국 땅에 세워진 나라
· 거란: 몽골에 살던 유목 민족으로, 나중에 요나라를 세움.
· 여진: 만주 동북쪽에 살던 유목 민족으로, 나중에 금나라를 세움.

거란 1차 침입 사건 경로

993년 거란이 80만 군사를 이끌고 고려를 침입함.

⬇

거란이 고려 살수까지 공격해 오며 항복을 요구함.

⬇

고려의 왕 성종이 항복하려고 하자 서희가 반대함.

⬇

서희가 소손녕과 담판을 하여 거란을 물러나게 함.

고려가 송나라와의 교류를 끊고, 거란과 교류하게 하겠어!

고려에 쳐들어온 거란군을 돌려보내겠어!

고려 대표: 서희

거란 대표: 소손녕

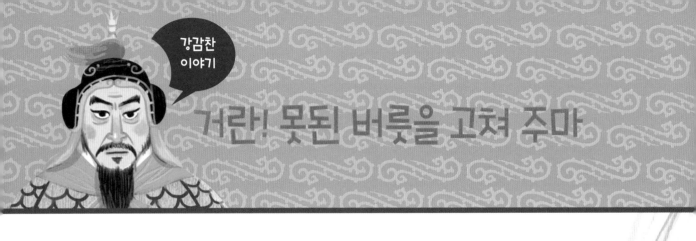

거란! 못된 버릇을 고쳐 주마

"장군! 거란이 개경 공격을 포기하고 후퇴하고 있습니다."

부하 장군이 강감찬에게 보고했어요.

1018년 거란이 고려에 쳐들어왔어요. 벌써 세 번째 침입이었지요.

고려는 연이은 거란의 공격에 큰 피해를 보았어요. 이번 3차 침입 때도 마찬가지였어요.

강감찬이 부하에게 말했어요.

"개경을 지키는 모든 병사를 모아 추격 부대를 조직하라!"

"장군! 후퇴하는 적을 굳이 공격할 필요가 있습니까?"

"있다. 거란이 세 번이나 침입한 것은 고려를 깔보기 때문이다. 거란의 못된 생각을 바꿔 놓아야 한다. 그래야 다신 고려를 넘보

68

지 못할 것이다!"

곧 고려의 추격 부대가 조직되었어요. 강감찬은 부대를 이끌고 거란의 뒤를 쫓았어요.

얼마 후 고려군은 귀주라는 곳에서 후퇴하는 거란군과 맞닥뜨렸어요.

강감찬은 전투를 시작하기 전 부하들에게 말했어요.

"내가 바라는 것은 완전한 승리다! 왜 완전한 승리여야 하는가? 그래야 거란
이 다시는 고려 땅을 차지할 생각을 못 할 것이기 때문이다. 알겠느냐?"

"예, 장군!"

전투가 시작되었어요. 양쪽의 군대는 막상막하였어요. 전투는 쉽게 승부가 나지
않았지요. 강감찬은 하늘을 올려다보며 기도했어요.

"신이시여, 고려를 도와주소서!"

그때 고려 병사들이 환호성을 질렀어요. 고려 지원군이 도착한 거예요.

게다가 바람마저 고려를 도와주었어요. 바람이 거란 쪽으로 불어 화살 공격을
하는 게 유리해졌어요.

이를 본 강감찬은 고려의 완전한 승리를 예감했어요.

"승리가 눈앞이다! 밀어붙여라!"

예상은 적중했어요. 이내 거란군은 독 안에 든 쥐 신세가 되어 쓰러지
고, 쓰러지고 또 쓰러졌어요. 강감찬은 이날 귀주에서 큰 승리를 거두었
답니다.

깨알 인물 정보

강감찬은 이 승리를 통해 "거란이 다시는 고려를 넘보지 못하게 하겠다."라는 목적을 이룰 수 있었어요. 거란은 귀주 대첩에서 진 후 다시는 고려를 침입하지 않았고, 고려는 평화를 얻었어요.

강감찬

거란*에게 큰 승리를 거둔
고려의 장군

좋은 작전이
승부를 가른다!

국가
고려

살았던 때
948~1031년

직업
장군

활약한 때
1018년 거란의
3차 침입 때

전쟁 때의 지위
고려군 총사령관

성격
용감하고 치밀함.

별명
고려의 수호신

관심사
작전 짜기

싫어하는 것
후퇴하기

특기
병사 지휘하기

전설
강감찬 장군이 태어날
때 하늘에서 별이 떨어
졌다는 전설이 있어요.

관련된 전쟁
귀주 대첩

관련 장소 - 낙성대
'낙성대'는 강감찬 장군
이 태어난 곳이에요.
강감찬 장군을 기리는
동상과 건물을 볼 수 있
어요.

**깨알
연계 정보**

*몽골 지역에 살던 유목 민족인 거란은 10세기 초 요나라를 세워 발해를 멸망시키고 고려에도 세
차례나 쳐들어왔어요.

거란, 고려를 침입하다!
거란은 고려를 총 세 차례 침입했어요.

고려를 지켜라!

거란의 3차 침입
강감찬이 큰 공을 세운 것은 거란의 3차 침입 때예요.
거란의 소배압이 10만 대군을 이끌고 침입했어요.

- 시기: 1018년
- 결과: 강감찬이 지휘한 고려군이 귀주에서 거란군을 거의 전멸시켰어요.

❶ 거란군 침입
거란이 고려를 침입함.

❷ 수공 작전
쇠가죽으로 큰 개천의 상류를 막고 기다림.

❸
거란군이 오자 막았던 물을 터뜨림.

❹
간신히 살아남은 거란군, 개경으로 향함.

❼
거란군, 후퇴 시작

❻
거란군, 식량과 지낼 곳이 없어 사기가 꺾임.

❺ 초토 작전
성안으로 백성들과 식량을 모으고, 성 밖에 불을 지름.

❽ 귀주 대첩
고려군, 귀주에서 거란군에 총공격을 퍼부음.

❾
고려의 큰 승리

❿
이후 거란은 더 이상 고려를 침입하지 않음.

거란의 1차 침입
거란의 소손녕이 80만 대군을 이끌고 침입했어요.

- 시기: 993년
- 결과: 서희의 외교 담판으로 거란군을 물러가게 했어요.

거란의 2차 침입
1010년 거란의 황제 성종이 40만 대군을 이끌고 침입했어요.

- 시기: 1010년
- 결과: 양규가 지휘한 고려군이 일곱 차례에 걸친 전투 끝에 거란군을 이겼어요.

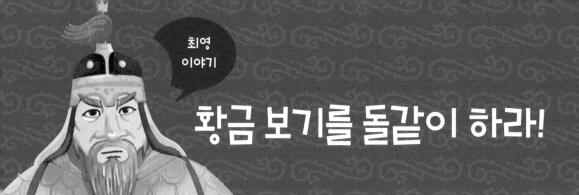

황금 보기를 돌같이 하라!

"아들아, 내가 살날이 얼마 남지 않은 것 같구나."

힘없는 목소리로 최영의 아버지가 말했어요. 최영은 눈물이 나려는 것을 꾹 참고 아버지의 손을 잡았어요.

"안 됩니다. 오래 사셔야 합니다."

"고맙다, 아들아. 너에게 할 말이 있다……. 너는 무엇이 되고 싶으냐?"

"고려 최고의 장군이 되고 싶습니다."

"그래. 그 꿈을 꼭 이루거라. 그런데 최고의 장군이 되려면 꼭 실천해야 할 게 있단다."

"무엇이옵니까?"

"나랏일을 하는 사람은 모두 더 높은 벼슬에 오르려고 한다. 그러나 높은 벼슬을 얻었다고 그 사람이 인생을 잘 산 것은 아니다. 그보다 더 중요한 게 있다. 나랏일을 할 때는 개인의 욕심보다 나라를 먼저 생각해야 한다는 것이다."

"개인의 욕심보다 나라를 먼저요?"

"그렇다. 특히 돈 욕심을 버려야 한다. 절대 벼슬을 이용해 부자가 되려고 해선 안 된다. 황금 보기를 돌같이 해야 한다. 평생 이 말을 꼭 기억하거라."

최영의 아버지는 얼마 후 세상을 떠났어요. 최영의 마음에는 아버지의 유언이 깊이 새겨졌어요.

나이가 들어 최영은 고려의 장군이 되었어요. 어려서부터 무술을 연마한 최영은 전쟁터에서 두각을 나타냈어요.

당시 고려에는 일본 해적인 왜구가 자주 침입했어요. 최영은 여러 전투에서 왜구를 물리쳐 고려를 대표하는 장군이 되었지요.

고려 제31대 왕인 공민왕과 제32대 왕인 우왕은 최영을 무척 아꼈어요. 갈수록 최영의 벼슬은 높아졌고, 따르는 사람도 많아졌어요.

따르는 사람 중에는 최영에게 잘 보여 벼슬자리를 얻으려는 사람도 있었어요. 어떤 사람은 뇌물을 사용해 벼슬을 얻으려고까지 했지요. 하지만 최영은 그런 사람들을 따끔하게 꾸짖었어요.

하루는 몇몇 벼슬아치가 최영의 집을 방문했어요. 최영은 사람들에게 식사를 대접했어요. 상차림을 본 사람들은 깜짝 놀랐어요. 밥과 간단한 나물 반찬뿐이었거든요.

"높으신 분이 어떻게 이런 걸 먹고 사십니까?"

최영은 태연하게 말했어요.

"부정한 돈으로 좋은 음식을 먹으면 마음이 편하겠습니까? 나는 욕심을 부리지 않기 때문에 나물 반찬만 먹어도 마음이 늘 편합니다."

깨알 인물 정보

최영은 죽을 때까지 청렴하게 살았어요. 또 개인의 욕심을 채우기보다 나라를 위해 희생하는 것을 선택했어요. 이런 태도 때문에 최영은 고려를 대표하는 충신이 되었고, 사람들에게 큰 존경을 받았어요.

최영
끝까지 고려를 지킨 장군

국가
고려

살았던 때
1316~1388년

직업
장군

성격
용감하고 정직함.

별명
고려 수호신,
고려의 관우＊

관심사
고려 지키기, 전투하기,
작전 짜기

싫어하는 것
부정부패, 반역자

고려를 건들면
가만두지 않겠다!

전설
최영은 1388년 반란을
일으킨 이성계에게 죽
임을 당했어요. 최영은
죽기 전 "내가 살아 생
전 욕심을 가지고 살았
다면 내 무덤에 풀이
날 것이고, 그렇지 않
았다면 풀이 나지 않을
것이다."라고 말했어요.
신기하게도 실제로 최
영의 묘에는 풀이 나지
않았대요.

깨알
연계 정보

＊관우는 중국 삼국 시대 때 촉한을 세운 유비를 따르던 장군이에요. 용감하고 정의로웠던 관우는
죽을 때까지 유비에게 충성을 바쳤어요. 이렇듯 최영의 인생이 관우의 인생과 비슷하여 최영을 '고
려의 관우'라고 부르기도 해요.

고려를 위해 최영이 한 일

왕을 반역한 신하 격파!

조일신, 김용 등 공민왕에게 불만을 품은
세력들이 왕을 위협하거나 반역을 저질렀어요.

방어 ↑

공격 ↓

왜구 격퇴!

왜구는 일본의 해적이
에요. 육지까지 쳐들어
와 큰 피해를 입히는
왜구를 격퇴했어요.

고려

홍건적 격퇴!

홍건적은 중국 원나라
가 약해진 틈을 타서 반
란을 일으킨 무리예요.
원나라에 쫓기면서 고
려를 침입한 홍건적을
물리쳤어요.

방어 ←

고려를
지켜라!

방어 →

우리는 머리에
붉은 두건을 매서
홍건적이라고
불렀지!

공격 →

공격 ←

고려 땅 되찾기!

원나라와 싸워 원나라
가 빼앗은 압록강 서
쪽을 되찾았어요.

나라의 보물이 된 책 《삼국유사》

《삼국유사》는 고려의 승려 일연이 쓴 역사책으
로, 고조선 시대부터 삼국 시대까지의 역사와
전설 등이 담겨 있어요.

《삼국유사》 ⓒ국립중앙박물관

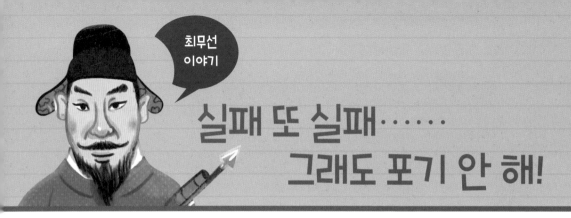

실패 또 실패……
그래도 포기 안 해!

"이번에는 꼭 성공해야 할 텐데."

최무선은 중얼거리며 마당 구석에 검은 가루를 천천히 내려놓았어요. 조금 전에 만든 화약 가루였어요. 가루에는 염초, 유황, 숯이 섞여 있었어요.

최무선은 두 손으로 가루를 수북하게 쌓은 다음 심지를 박았어요. 이제 남은 일은 단 하나! 심지에 불을 붙이는 것이었어요. 불을 붙이기도 전에 최무선의 이마에는 땀방울이 맺혔어요. 최무선은 늘 그랬던 것처럼 이번에 실패하더라도 좌절하지 않을 거라고 결심했어요.

화약 연구에 뛰어든 날이 떠올랐어요. 최무선은 죽기 전에 반드시 화약을 만들어 왜구를 무찌를 거라고 다짐했어요.

화약 만드는 기술은 원나라가 가지고 있었어요. 하지만 원나라는 화약 만드는 기술을 국가 비밀로 정해 고려에 가르쳐 주지 않았어요. 당시 고려에는 화약 재료가 무엇인지 아는 사람조차 없었어요. 최무선이 화약 연구에 뛰어든 것은 거의 불가능에 도전하는 일이었지요.

최무선은 원나라에서 가져온 화약을 분리해 꼼꼼하게 관찰했어요. 처음에는 화약 성분이 무엇인지 도무지 알 수 없었어요. 끊임없이 몇 년을 연구한 뒤에야 염초, 유황, 숯을 섞어 화약을 만든다는 걸 알아냈어요.

유황과 숯은 쉽게 구할 수 있는 재료였어요. 문제는 염초였어요. 염초는 만드는 데에 특수한 기술이 필요했어요. 최무선은 고려에 온 원나라 상인을 통해 간신히 염초 만드는 방법을 알아냈어요.

이걸로 끝이 아니었어요. 재료를 섞어 화약을 만들려면 최적의 배합 비율을 알아내야 했어요. 이렇게도 섞어 보고 저렇게도 섞어 보았는데 번번이 실패했어요. 큰 폭발이 일어나지 않은 거지요. 하지만 수차례의 실패 끝에 최무선은 염초, 유황, 숯의 비율을 75:10:15로 맞추었어요.

마침내 심지에 불을 붙였어요. 심지가 조금씩 타들어 가 화약 가루에 닿았어요. 순간 '펑' 소리가 나더니 삽시간에 화약이 폭발했어요. 폭발 때 생긴 힘으로 가루 아래의 흙이 움푹 파였어요.

"성공! 성공이다! 내가 해냈다."

수많은 도전과 실패 끝에 화약을 만드는 데 성공한 최무선의 볼 위로 감격의 눈물이 줄줄 흘러내렸어요.

깨알 인물 정보

최무선이 화약을 만드는 데에 성공하자 고려는 화약과 화약 무기를 만드는 조직인 '화통도감'을 설치했어요. '화통도감'에 들어간 최무선은 많은 화약 무기를 만들어 고려의 군사력을 강하게 만들었어요.

최무선

화약과 화포*를 만든 고려의 발명가

무슨 일이든 노력하면 좋은 성과를 얻을 수 있다는 뜻이에요.

노력은 사람을 배신하지 않는다!

국가
고려~조선

살았던 때
1325~1395년

직업
발명가, 장군

성격
호기심과 끈기가 많음.
(최무선은 화약을
만들 때 수없이
실패했지만 포기하지
않았어요.)

별명
화약의 달인
(달인이란 어떤 전문적인 일
을 잘하는 사람을 말해요.)

관심사
화약과 화포 만들기,
실험하기

싫어하는 것
쉽게 포기하는 것

화약을 만든 시기
1377년

화약을 만든 이유
고려 말기에는 왜구의 침입이 잦았어요. 최무선은 왜구의 배를 쳐부수려면 화약 무기가 효과적이라고 생각했어요. 하지만 당시 고려에는 화약 만드는 기술이 없었어요. 그래서 최무선은 화약을 만들기 위해 직접 연구에 뛰어들었답니다.

깨알 연계 정보

*화포는 본래 불덩이를 멀리 던지는 기계를 뜻했는데, 화약이 발명된 후부터는 대포처럼 화약의 폭발력을 이용하여 탄알을 발사하는 무기를 뜻해요.

화약 무기 소개

대장군포
화약의 힘으로 포탄을 멀리 쏘는 포 무기 중 하나예요.
주로 철령전을 발사해요.

철령전
앞쪽에는 쇠탄두가 달려 있고, 뒤쪽에는 4개의 쇠날개가 달린 포탄이에
요. 오늘날의 로켓과 비슷한 철령전은 목표를 타격하여 파괴하는 힘을
지녔어요. 주로 적군의 선박이나 성문, 성벽 등을 파괴하는 데 쓰였어요.

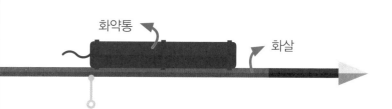

화약통

화살

주화
달리는 불이라는 뜻을 지닌
무기예요. 화약통에 불을
붙이면 화약의 폭발력으로
화살이 앞으로 발사되어요.

질려포통
오늘날의 수류탄과 비슷한 질려포통은 화약 폭발로 적에게 피해를
입히는 무기예요. 공처럼 생긴 질려포통 안에는 날카로운 철 조각
들이 들어 있어, 폭발하면 사방으로 수많은 파편이 발사되어요.

아버지
최무선

아들
최해산

대를 이은 화약 기술자
최무선은 죽기 전에 아들 최해산에게 화약, 화포
만드는 기술을 적은 책을 물려주었어요. 최해산
은 이 책을 가지고 연구를 계속해 조선 시대 초
기에 화약 기술을 더 발전시켰답니다.

화약 무기로 거둔 승리 – 진포 대첩
1380년 진포(현재 전라북도 군산)에 쳐들어온
왜구를 물리친 전투예요.
· 최무선의 활약: 자신이 만든 화포로 수많은 왜
구의 배를 불태워 버렸어요.
· 전투 결과: 고려는 왜구의 배 500여 척을 격파
하는 큰 승리를 거뒀어요.

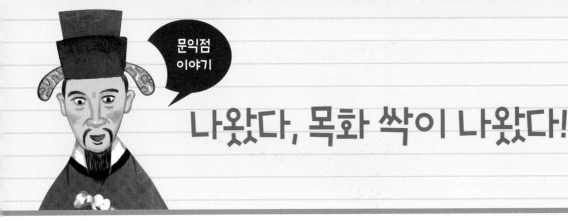

나왔다, 목화 싹이 나왔다!

"아! 오늘도 안 보여. 어떡하지?"

집 앞의 밭을 둘러보던 문익점이 한숨을 쉬었어요. 얼마 전 문익점은 설레는 마음을 안고 밭에 목화 씨앗 다섯 개를 뿌렸어요.

'며칠만 지나면 싹이 날 줄 알았는데……. 싹이 나야 꽃이 피고, 꽃이 펴야 열매가 열릴 텐데…….'

안타까운 마음으로 마당을 둘러보던 문익점은 몇 개월 전의 일을 떠올렸어요. 당시 문익점은 원나라에 있었어요. 고려 사신이었던 문익점은 원나라에서 목화가 자라는 걸 처음으로 보았어요.

문익점은 목화씨를 고려로 가져가면 좋겠다고 생각했어요. 목화로는 무명 옷감을 만들 수 있는데, 무명 옷감은 여름에는 시원하고 겨울에는 따뜻했어요. 문익점은 고려에서 목화를 키워 백성들에게 무명을 널리 보급하고 싶었어요.

그래서 문익점은 고려로 돌아올 때 목화씨 10여 개를 가져왔어요. 고향으로 돌아온 문익점은 장인 정천익과 목화씨를 반반씩 나누었어요. 그러고는 각자의 밭에 정성껏 목화씨를 심었어요.

문익점은 싹이 보이지 않는 밭을 보며 생각했어요.

'포기하지 말자. 꼭 싹이 날 거야.'

며칠이 지났어요. 여전히 싹은 나지 않았지요. 문익점은 불안했어요.

다시 며칠이 지났어요. 싹은 보이지 않았어요. 문익점이 심은 씨앗은 싹을 틔우지 못하고 땅속에서 죽었던 거예요.

"아! 실패구나."

무슨 일이 있어도 목화의 싹을 틔우고 싶었는데, 허무한 꿈이 되고 말았어요. 문익점은 밭에 웅크리고 앉아 절망하였어요.

이때 뒤에서 누군가의 목소리가 들려왔어요.

"사위! 나왔네. 나왔어. 목화 싹이 나왔어!"

달려온 사람은 장인 정천익이었어요. 그 말에 문익점은 정천익의 집으로 달려갔어요. 정천익이 밭 귀퉁이를 손으로 가리켰어요. 그곳에는 손톱만 한 싹 하나가 흙을 뚫고 나와 있었어요. 씨앗 1개가 싹을 틔우는 데 성공한 거예요.

문익점은 두 손을 번쩍 들며 소리쳤어요.

"싹이다. 싹이 나왔다! 장인어른 만세! 목화 만세!"

깨알 인물 정보

문익점과 정천익은 싹 틔우는 데 성공한 목화를 잘 키워 그해 가을 많은 씨앗을 거두었어요. 이듬해 이 씨앗을 뿌려 더 많은 씨앗을 수확하였지요. 3년째 되던 해에는 이웃에 씨를 나눠 주어 목화를 보급했어요.

문익점

우리나라에 목화를 번식시킨
고려의 신하

정성을 다하면
열매가 맺힌다.

국가
고려

살았던 때
1329~1398년

직업
신하, 학자

성격
백성을 생각하는
따뜻한 마음을 지님.

별명
목화 재배의 선구자

관심사
목화 재배, 책 읽기,
목화에 관한 공부 하기

싫어하는 것
포기하는 것
(목화씨를 고려에 들여오는
것과 재배하는 것이 쉽지 않
았지만 포기하지 않았어요.)

문익점을 도와 목화를
재배한 사람
정천익*

목화씨와 목화의 모습

목화씨

목화

깨알
연계 정보

*정천익은 문익점 부인의 아버지예요. 즉, 문익점의 장인이지요. 정천익은 문익점을 도와 목화 재배에
공을 들였어요. 그리고 목화의 씨를 빼는 기구인 '씨아'와 실을 뽑는 기구인 '물레'를 만들기도 했어요.

숫자로 보는 문익점의 목화 재배

10여 개

문익점이 가져온 목화씨의 수

1개

씨앗을 뿌려 싹을 틔우는 데 성공한
씨앗의 수

3년

목화 재배에 성공해 씨를 이웃에
보급하는 데 걸린 시간

목화씨는 어디에서 왔나요?

사신으로 중국 원나라에 간 문익점이 가져왔어요.
목화씨를 가지고 올 때 붓 속에 숨겨서 가지고 왔다
는 재미난 이야기도 전해 오지만 이 이야기의 정확
한 근거는 없어요.

목화 덕분에 달라진 점

추운 겨울에도 얇은 삼베옷만 입었던 백성들이
목화로 솜옷과 솜이불 등을 만들어 겨울을 따뜻하게
보내게 되었어요.

목화로 옷 만드는 방법

① '씨아'를 이용해 목화송이에서 씨를 빼낸다.
② '물레'를 이용해 솜에서 실을 뽑아낸다.
③ 뽑아낸 실로 '베틀'을 이용해 천을 짠다.
④ 천으로 옷을 만든다.

물레

새 나라를 세우자!

'왕의 명령에 따라야 하나, 말아야 하나? 아이고, 골치야.'

1388년 이성계는 큰 고민에 빠졌어요.

100여 년 가까이 계속되던 원나라가 세력이 차츰 약해지자, 1368년 명나라라는 새로운 나라가 생겼어요. 명나라는 원나라를 중국 북쪽 땅으로 몰아낸 후, 철령 북쪽 땅을 내놓으라며 고려를 협박했어요.

이에 분노한 고려 제32대 왕, 우왕은 명나라 동쪽 땅인 요동을 공격하기로 결정했어요.

"명나라의 요구는 말이 안 된다. 명나라의 협박에 고분고분 따른다면 앞으로도 명나라의 간섭을 받아야 할 것이다. 이번 기회에 명나라에 본때를 보여 줘야 한다!"

고려는 명나라를 칠 군대를 조직하고, 군대를 지휘할 장군으로 이성계와 조민수를 임명했어요.

이성계는 명나라를 공격할 장군으로 자신이 임명된 것이 반갑지 않았어요. 괜히 명나라에 싸움을 걸었다가 고려가 큰 피해를 입을 거라고 생각했거든요.

그래도 왕의 명령을 거역할 수는 없었어요. 이성계는 조민수와 함께 군대를 이끌고 북쪽으로 향했어요.

얼마 뒤 고려의 군대는 압록강을 건너, 압록강 하류에 있는 섬인 위화도에 다다랐어요. 하지만 고려 군대는 위화도에서 더 이상 앞으로 나아가지 못했어요. 계속해서 강을 건너야 했는데, 장마철이라서 비가 세차게 내렸거든요. 이성계는 우왕에게 상소를 올렸어요.

"고려보다 강하고 큰 나라인 명나라를 거역하는 것은 옳지 않습니다. 그리고 더운 여름철에 군대가 이렇게 멀리 이동하는 것도 옳지 않습니다. 또한 고려 군대가 명나라를 칠 때 이틈을 타 다른 외적이 고려를 침입할 수도 있습니다. 마지막으로 지금 한창 장마철이라 무기와 식량 운반이 힘들 뿐만 아니라, 군사들에게 전염병이 퍼질 수도 있습니다. 이 모든 환경이 좋지 않으니, 명나라 공격은 다음으로 미루는 게 좋을 것 같습니다.”

하지만 상소를 받은 우왕은 이런 명령을 내렸어요.

“무슨 소리냐! 비가 그치면 당장 명나라로 진격하라!”

이성계는 잠이 오지 않았어요. 왕의 명령에 따라야 할지 말아야 할지 결정해야만 했지요.

고민 끝에 이성계는 결단을 내렸어요.

“그래, 결심했어! 개경으로 돌아갈 테다!”

이성계는 조민수에게 말했어요.

"장군! 나는 고려가 명나라를 치는 것은 옳지 않다고 생각하오."

"옳지 않다면 어떻게 하시려고……?"

"개경으로 돌아가겠소. 장군! 나와 함께해 주시오."

"좋소. 그런데 개경으로 돌아가면 우왕과 최영 장군이 우리를 용서하지 않을 텐데……."

"각오하고 있소. 난 맞서 싸울 거요."

이어서 이성계는 군사들을 한자리에 모았어요.

"나는 개경으로 돌아가기로 했다. 나의 뜻에 따를 테냐?"

"장군의 뜻에 따르겠습니다!"

이성계가 이끄는 군대는 위화도에서 말 머리를 돌렸어요.

"뭐야? 이성계가 돌아오고 있다고?"

이성계가 돌아오고 있다는 소식을 들은 우왕은 노발대발했어요. 우왕 곁을 지키던 최영이 말했어요.

"걱정 마시옵소서. 제가 이성계를 처단하겠습니다."

며칠 후 이성계가 이끄는 군사가 개경에 도착했어요. 최영이 이끄는 군사가 굳게 닫힌 성문을 지키고 있었어요.

이성계가 명령을 내렸어요.

"성을 함락시켜라! 실패하면 모두 죽는다. 절대 물러서지 마라!"

이성계의 군사와 최영의 군사는 결사적으로 싸웠어요. 마침내 이성계의 승리로 싸움은 끝이 났어요.

이 사건을 '위화도 회군'이라고 해요. '회군'이란 군사를 돌이킨다는 뜻이지요.

전투가 끝난 후 이성계는 우왕과 최영을 먼 곳으로 유배 보냈어요. 그리고 우왕의 아들 창왕을 새 왕으로 앉혔어요. 하지만 고려를 실질적으로 다스리는 것은 이성계였어요.

1392년, 정도전을 포함한 여러 신하가 이성계에게 말했어요.

"고려는 끝났습니다. 새 나라를 세우시고 왕이 되십시오. 그래서 백성들에게 새 희망을 주십시오!"

이성계는 며칠을 고민하다 결정을 내렸어요.

"나는 새 나라를 세우겠다. 새 시대를 만들겠노라!"

그리하여 이성계는 고려의 마지막 왕인 공양왕을 쫓아내고 왕 자리에 올랐어요.

이로써 왕건이 세운 고려의 시대는 끝나고, 조선의 시대가 밝았어요.

깨알 인물 정보 조선을 세운 이성계는 1398년까지 조선의 왕으로 있으면서 나라의 기초를 닦았어요. 하지만 왕자들 사이에 권력 다툼이 일어나자, 왕자들에게 크게 실망하여 왕 자리에서 스스로 물러났어요. 이성계는 제3대 왕, 태종이 조선을 다스리던 1408년에 세상을 떠났어요.

이성계

고려 시대를 끝내고 조선을 세운 왕

어떤 일을 하기로 결심하면 그것을 꼭 이루려고 했어요.

한번 결심을 했으면 끝장을 본다!

국가
조선

살았던 때
1335~1408년

직업
고려의 장군, 조선 제1대 왕

조선을 세운 때
1392년

왕으로 나라를 다스린 때
1392~1398년

왕이 된 후의 이름
태조

성격
용감하고 결단력이 있음.

관심사
새 나라 세우기,
자기를 따르는 신하들

싫어하는 것
고려의 충신, 왕족들
(새 나라를 세우는 데
반대하는 고려의 왕족과
충신을 쫓아냈어요.)

특기
활쏘기, 결단하기

가족 관계
아들: 조선 제2대 왕,
정종과 조선 제3대 왕,
태종
손자: 조선 제4대 왕,
세종

자랑스러운 일
1394년 한양(지금의
서울)으로 조선의 수도
를 옮긴 것

부끄러운 일
왕자의 난*

깨알
연계 정보

*이성계가 살아 있을 때 왕자들 사이에 다음 왕 자리를 차지하려는 다툼이 두 번이나 일어났어요. 이 사건을 '왕자의 난'이라고 해요. 이 다툼에서 승리한 아들인 이방원이 나중에 제3대 왕인 태종이 되었어요.

조선의 수도 한양 안내도

한반도의 중심에 위치한 한양은 북악산, 남산 등 여러 산으로 둘러싸여 있어 적의 침입을 방어하기도 좋고, 한강이 흘러 물을 구하기도 쉬운 곳이에요.

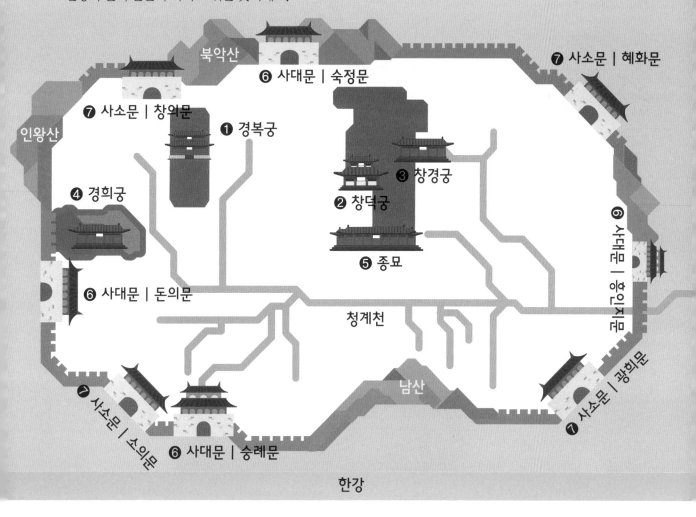

❶ 경복궁: 이성계가 세운 궁궐로, 왕이 정치를 하고 생활하던 곳이에요.

❷ 창덕궁: 조선 제3대 왕인 태종이 세운 궁궐로, 왕이 정치를 하고 생활하던 곳이에요.

❸ 창경궁: 왕이 정치를 하고 생활하던 곳이에요.

❹ 경희궁: 유사시에 위험을 피해 왕이 옮겨 와 지내는 궁으로 지었어요.

❺ 종묘: 세상을 떠난 왕과 왕비를 모시는 왕실의 사당이에요.

❻ 사대문: 한양의 동서남북에 위치한 네 개의 큰 성문으로, 흥인지문, 돈의문, 숭례문, 숙정문이 있어요. 돈의문은 일제 강점기에 헐려 지금은 남아 있지 않아요.

❼ 사소문: 사대문 사이에 위치한 네 개의 작은 성문으로, 혜화문, 광희문, 창의문, 소의문이 있어요. 소의문은 일제 강점기에 헐려 지금은 남아 있지 않아요.

왕이 된 후 이성계가 한 일
1. 고조선을 이어 나간다는 의미에서 나라 이름을 '조선'이라고 정했어요.
2. 한양을 새 수도로 삼고, 궁궐과 성을 쌓았어요.
3. 새로운 법과 제도를 갖추었어요.

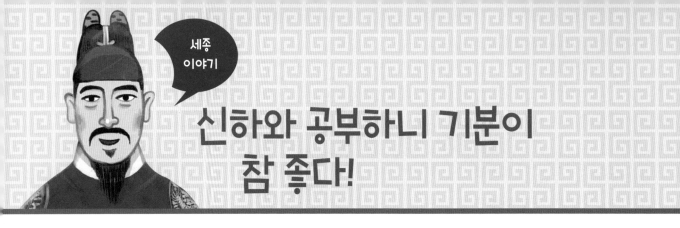

신하와 공부하니 기분이 참 좋다!

자정을 넘긴 시간인데도 세종이 자는 침실의 불빛은 꺼지지 않았어요. 세종은 책을 읽고 있었어요. 문밖의 신하가 말했어요.

"전하! 밤이 깊었사옵니다."

세종이 말했어요.

"허허, 괜찮다. 공부하는 재미에 잠이 안 오는구나."

잠시 후 자리에서 일어난 세종이 말했어요.

"집현전에 가려고 하니 등불을 준비하고, 먹을 것도 좀 챙기거라."

신하가 등불과 밤참을 들고 세종을 안내했어요. 방을 나오니 밤공기가 시원했어요. 세종은 기지개를 켠 뒤 신하의 뒤를 따라 집현전으로 향했어요.

집현전의 불빛은 여전히 밝았어요. 세종은 소리 나지 않게 문을 열었어요. 집현전 안에서 여러 학자가 공부를 하고 있었어요.

그중 한 학자가 깜짝 놀란 얼굴로 말했어요.

"전하! 어떻게 이런 늦은 시간에……."

"토론하고 싶은 것이 있어 왔느니라. 그 전에 수고하는 너희들을 위해 준비한 게 있다."

세종이 말하자 신하가 떡, 과자 등 밤참을 책상 위에 올려놓았어요.

세종과 학자들은 밤참을 함께 먹었어요. 다 먹고 난 후 세종이 말했어요.

"나와 집현전 학자들은 우리나라 글자 완성을 눈앞에 두고 있다. 몇 년 동안 함께 노력한 결과지. 그런데 각 나라의 글자는 저마다 이름이 있다. 곧 탄생할 우리 글자 이름을 무엇으로 하면 좋겠느냐?"

"밤잠을 잊고 나라를 생각하시는 그 은혜, 황공하옵니다."

"자! 지금부터 토론을 해 보자꾸나."

세종은 신하들과 토론을 시작했어요. 집현전을 밝히는 초의 길이가 점점 짧아졌어요. 집현전 밖에 있던 신하는 선 채로 꾸벅꾸벅 졸았어요.

토론을 하다가 창밖을 보던 신하가 말했어요.

"전하! 어느새 날이 밝았습니다."

"너희들과 토론하느라 시간 가는 줄도 몰랐구나. 하하! 그래도 밤새운 보람이 있었다. 우리나라 글자의 이름을 정했으니 말이다. 훈민정음으로 하기로 했지. '백성을 가르치는 바른 소리'라는 뜻의 훈민정음! 참으로 마음에 드는구나. 훈민정음으로 백성들의 생활이 편해질 걸 생각하니 피곤한 줄도 모르겠구나."

깨알 인물 정보
세종은 1443년 훈민정음을 완성했어요. 이어 여러 가지 시험 과정을 거친 후, 1446년에 정식으로 백성들에게 훈민정음을 알렸어요. 훈민정음은 20세기 이후에는 '한글'이라고 불러요.

세종
훈민정음을 만든 조선의 왕

나라가 발전하려면 왕부터 잘해야 한다!

국가
조선

살았던 때
1397~1450년

직업
조선 제4대 왕

왕으로 나라를 다스린 때
1418~1450년

왕이 되기 전 이름
이도*

성격
부지런하고 지혜가 많음.

별명
조선 최고의 왕

관심사
좋은 나라 만들기, 공부하기, 토론하기

싫어하는 것
게으른 신하

특기
신하 통솔, 공부

가족 관계
아버지: 조선 제3대 왕, 태종
아들: 조선 제5대 왕, 문종

특이한 점
셋째 아들인데도 왕이 되었어요. 두 형보다 지혜롭고 부지런해 왕 자리를 물려받았지요.

최대 업적
훈민정음을 만든 것

깨알 연계 정보

*'이도'는 성이 '이'이고, 이름이 '도'라는 뜻이에요. 조선을 세운 이성계가 이씨였기 때문에 조선은 대대로 이씨가 왕이 되었는데, 왕자들은 대부분 이름이 한 글자였어요. 예를 들어 조선 제22대 왕 정조의 어릴 적 이름은 '이산'이에요.

세종이 조선 최고의 왕이 된 비결

- 머리가 좋고 공부를 열심히 하는 왕이었어요.
- 좋은 인재를 뽑아 각 분야의 나랏일을 시켰어요.
- 항상 백성을 사랑하는 마음을 잃지 않았어요.

세종을 도운 지혜로운 신하들

성삼문
세종을 도와 훈민정음을 만들었어요.

장영실
측우기 등 많은 발명품을 만들었어요.

황희
세종을 도와 정치, 예법 등의 체계를 정리했어요.

김종서
영토를 개척해 두만강을 경계로 국경을 확정했어요.

세종 시대에 좋아진 것들

- **정치:** 좋은 토지 제도를 만들어 백성이 살기 좋게 했어요.
- **군사:** 압록강, 두만강 쪽으로 땅을 크게 넓혔어요.
- **과학:** 많은 과학 발명품을 만들었어요.
- **언어:** 우리나라 글자인 훈민정음을 만들었어요.

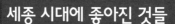

조선 최고의 연구소 – 집현전

- **확대 설치한 때:** 1420년
- **설치한 곳:** 경복궁 안
- **만든 목적:** 인재 양성, 학문 연구, 책 발간

세종이 펴낸 책

농사직설

고려사

향약집성방

농사 정보를 담은 농업책   고려의 역사를 정리한 역사책   조선 약재 이용 방법을 담은 의학책

실력으로 차별 대우를 날려 버리겠어!

"전하! 장영실에게 벼슬을 주심은 예법에 맞지 않사옵니다."

몇몇 신하가 세종에게 말했어요. 세종은 궁궐 과학자인 장영실이 혼천의를 만들자 노비의 신분에서 풀어 주고 벼슬을 내리려고 했어요. 그러자 신하들이 반대한 거예요.

장영실은 말없이 신하들 아랫자리에 서 있었어요. 세종이 신하들에게 물었어요.

"무슨 이유로 예법에 맞지 않는다는 거냐?"

"장영실은 노비 출신에 기생의 아들입니다. 그러한 자가 높은 벼슬에 오르는 일은 조선이 생긴 후 한 번도 없었사옵니다. 이런 일은 조선의 질서를 바로 세우는 데 도움이 되지 않습니다."

그 말에 세종의 얼굴이 굳어졌어요. 세종은 장영실이 혼천의를 만들기 위해 얼마나 노력했는지 알고 있었어요. 장영실은 중국에 유학까지 다녀와 몇 년 동안 밤낮없이 연구해 혼천의를 만들어 냈어요.

신하들이 반대하자 세종이 장영실에게 말했어요.

"영실아, 고생했다. 내 너의 수고를 잘 안다. 훗날 상을 내릴 터이니 낙심하지 말고, 더 열심히 연구하여라."

"예."

장영실은 이렇게 대답했지만 속이 상했어요. 아무리 재능이 있고 나라에 공을 세워도 신분이 낮으면 벼슬에 오르지 못하는 현실이 답답했어요.

하지만 장영실은 참았어요. 자기 능력을 알아주는 세종이 있었기 때문이에요. 장영실은 속

상한 마음을 누르고 세종을 더 기쁘게 하는 물건을 만들겠다고 결심했어요. 신하들에게 받은 서러움도 실력으로 날려 버리겠노라고 다짐했지요.

이후 1434년 장영실은 자격루라는 물시계를 만들었어요. 자격루를 궁궐에 설치하던 날, 세종은 궁궐에서 잔치를 열었어요.

"영실의 솜씨로 좋은 시계를 만들었으니, 참으로 기분 좋구나. 나는 오늘 영실에게 벼슬을 주려고 하노라."

이번에는 신하들도 반대하지 않았어요. 그들이 생각하기에도 장영실은 과학 기술 발전에 큰 업적을 쌓았기 때문이에요. 이로써 장영실은 조선이 생긴 후 처음으로 노비 신분에서 벼슬자리에 오르는 사람이 되었어요.

깨알 인물 정보

장영실이 궁궐에서 만든 여러 물건들은 조선 백성들의 생활에도 도움을 주었어요. 특히 날씨 정보를 알려 주는 측우기 같은 발명품은 농부들에게 많은 도움을 주었어요.

장영실

조선 최고의 발명가이자
과학자

창조는 즐거워!
발명은 신나!

국가
조선

살았던 때
?~?년

직업
과학자, 기술자

성격
머리가 좋고 호기심이 많음.

별명
조선의 발명왕

관심사
별자리 관찰하기, 과학
연구하기

싫어하는 것
노비 출신이라고 무시당하는 것

특기
발명하기

가족 관계
아버지: 중국계 귀화인
어머니: 기생

본래의 신분
관아에 속한 노비*

특이한 점
천민 출신인데도 세종에
게 벼슬을 받았어요. 조
선의 과학 기술에 공로
를 세웠기 때문이에요.

깨알
연계 정보

*조선 시대에는 양반, 중인, 상민, 천민으로 신분을 나눴어요. 이중 천민은 가장 낮은 신분으로 노
비, 무당, 백정 등이 여기에 속했어요.

★ 장영실이 만든 것들

장영실이 '조선의 발명왕'이 된 이유
- 호기심이 많고 손재주가 좋았어요.
- 노비 신분이라고 절망하지 않고 항상 노력했어요.
- 재능을 마음껏 살리도록 후원해 준 세종이 있었어요.

혼천의
별의 움직임과 위치를
관측하는 장치

갑인자
갑인년(1434년)에
만든 구리 활자

측우기
비가 내린 양을 측정
하는 기구

양부일구
해의 움직임으로 생기는
그림자를 통해 시각을
아는 시계

★ 조선 시대 책 만드는 방법

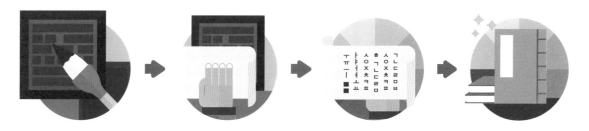

❶ 금속으로 활자를 만들어
먹을 바른다.

❷ 활자 위에 종이를 올린
후 누른다.

❸ 종이에 글자가 찍혔다.

❹ 글자가 찍힌 종이를 모
아서 끈으로 묶는다.

달력을 만든 이순지
조선 시대 천문학자인 이순지는 세종의 명령에 따라 '역법'을 우리나라의 상황에 맞게 정리했어요.
역법이란 천체의 움직임에 따라 날짜를 계산하는 방법을 뜻해요. 이순지가 펴낸 대표적인 책으로
는 《칠정산》이 있어요. 이 책은 오늘날의 달력과 계산법이 거의 비슷할 정도로 과학적이에요.

음악은 나의 운명!

"부인, 오늘 임금께서 내게 새 벼슬을 주셨소."

"무슨 벼슬이에요?"

"종5품 악학별좌 벼슬이라오."

박연의 말에 아내는 실망했어요. 악학별좌는 음악에 관한 일을 맡은 벼슬로, 인기 있는 자리가 아니었어요.

아내가 말했어요.

"당신은 명문 집안 출신에 과거에 합격한 인재입니다. 당신과 비슷한 시기에 과거에 합격한 사람은 좋은 벼슬에 잘도 오릅디다. 그런데 악학별좌가 뭡니까?"

아내의 잔소리에 박연은 태연히 말했어요.

"난 오히려 새 벼슬에 만족하고 있소."

"왜요?"

"난 평소 음악에 관심이 많았소. 임금께서 이를 알고 음악 일을 맡기신 거라고 생각하오."

이때 조선의 왕은 세종이었어요. 세종은 조선이 선진국이 되려면 정치, 군사도 중요하지만 문화와 기술도 중요하다고 생각했어요. 그래서 평소에 음악에 관심이 많은 박연에게 음악 일을 맡긴 거예요.

박연은 즐거운 마음으로 악학별좌 일을 시작했어요. 당시 조선은 음악 분야에서는 선진국이 아니었어요. 궁중에서 행사를 할 때 연주하는 음악인 '아악'은 기준이 없어서 때로는 이 음악, 때로는 저 음악을 사용했어요.

박연은 먼저 각 음의 기준이 되는 소리를 내는 악기인 '율관'을 만들었어요. 그리고 아악을 연주하는 데 쓰는 악기인 '편경'을 만들었어요.

이후 1430년, 박연이 세종에게 기쁜 얼굴로 보고했어요.

"전하! 전하의 명령을 받들어 아악의 곡을 새롭게 정리하여 악보집을 만들었나이다."

세종이 껄껄 웃으며 말했어요.

"오, 그래? 들어 보자꾸나."

박연이 악사들을 불러 아악을 연주했어요. 연주를 들은 세종이 말했어요.

"소리가 웅장하고 우아하구나! 앞으로 궁중에서 주요 행사가 있을 때 이 음악을 연주하도록 하라!"

깨알 인물 정보 박연이 정리한 '아악'은 세종 때부터 국가를 대표하는 음악이 되었어요. 박연이 죽은 후에도 궁중에서 행사가 열릴 때 악사들은 박연이 정리한 아악을 연주했어요.

박연
아악*을 새로 완성한 조선 음악가

조선을 음악 선진국으로 만들 거야!

국가
조선

살았던 때
1378~1458년

직업
음악가

성격
긍정적이고 창의력이 있음.

별명
조선의 악성(樂聖)
(악성이란 훌륭한 음악가를 뜻해요.)

관심사
조선의 음악 발전,
악보 정리하기, 악기 만들기

싫어하는 것
중국 음악을 무조건 좋아하는 태도

특이한 점
과거에 합격해 정치가가 되었는데, 음악에 관심이 많아 음악가로 더 유명해졌어요.

대표 업적
조선의 대표 음악인 '아악'을 정리하고, '율관'과 '편경' 등 새로운 악기를 만들었어요.

깨알 연계 정보

*'아악(雅樂)'은 궁중 행사에서 정식으로 연주하던 음악이에요. 고려 시대 때 중국 송나라에서 들어온 것을 조선 시대 박연이 새로 완성했어요.

박연이 만든 악기

율관

율관은 음악을 만들고 연주할 때 기준이 되는 음을 불어서 낼 수 있는 관이에요. 총 12개의 관으로 이루어졌어요.

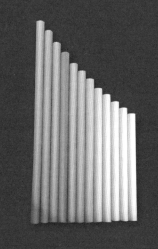

편경

옥돌을 두드려 각각의 음을 내는 악기예요. 아악을 연주할 때 사용하지요. 옥돌 두께에 따라 서로 다른 소리가 나요.

박연이 아악을 완성한 후 달라진 점

- 조선은 국가를 대표하는 음악을 가진 문화 선진국이 되었어요.
- 아악에 맞춰 조선 고유의 여러 가지 악기를 만들게 되었어요.

조선 역사에 등장한 또 다른 박연

네덜란드 선원이었던 얀 야너스 벨테브레이는 1628년에 바다에서 표류하다 제주도에 도착했어요. 그 후 이름을 박연이라고 바꾸고, 죽을 때까지 조선에서 살았어요.

우리나라 3대 음악가

박연
조선의 음악가. 아악을 만들었어요.

왕산악
고구려의 음악가. 거문고를 만들었어요.

우륵
신라의 가야금 명인. 가야금 연주곡 12곡을 지었어요.

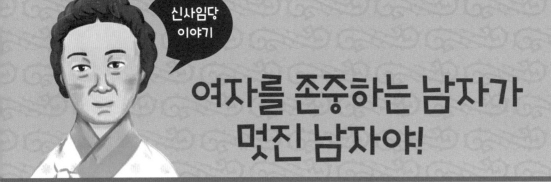
여자를 존중하는 남자가 멋진 남자야!

"아들아, 날이 좋구나. 내가 그림 그리는 걸 구경할래?"

신사임당이 어린 아들 이이의 손을 쓰다듬으며 말했어요. 이이는 얼른 고개를 끄덕였어요. 어머니가 그림 그리는 걸 보는 것도 즐거웠고, 어머니 이야기를 듣는 것도 재미있었으니까요.

신사임당은 붓, 먹, 벼루, 종이를 들고 마당으로 나갔어요. 마당 한쪽 밭에 탐스러운 포도가 열려 있었어요. 신사임당과 이이는 포도나무 앞에 자리를 잡았어요.

그림을 그리던 신사임당이 아들에게 물었어요.

"내가 왜 그림을 그리는지 아니?"

"……."

"그리고 싶어서란다. 사람은 자기가 좋아하는 일을 하면 즐겁지. 나도 마찬가지란다."

"어머니, 그림 정말 멋져요."

"좋아하는 일을 열심히 하면 누구나 좋은 솜씨를 가질 수 있어."

"공부도요?"

"그럼. 공부를 잘하려면 일단 공부를 좋아하는 습관을 들여야 해."

그렇게 한창 그림을 그리고 있는데 대문을 열고 한 남자가 들어왔어요. 그는 신사임당 남편의 친구였어요. 신사임당이 일어나 남편은 외출했다고 말했어요.

남편 친구가 아쉽다는 표정을 짓다가 신사임당의 그림을 보고 놀란 얼굴로 말했어요.

"부인의 솜씨는 하늘이 내린 솜씨로군요. 부녀자치고는 훌륭한 솜씨입니다."

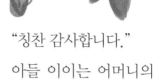

"칭찬 감사합니다."

아들 이이는 어머니의

얼굴이 밝지 않다고 느꼈

어요. 잠시 후 아버지 친구가 집을 나가자 이이가 물었어요.

"칭찬을 받고도 기분이 좋지 않아 보이셨어요."

"그랬지."

"왜요?"

"저분의 말 속에는 여자를 낮게 보는 생각이 깔려 있더구나. 아들아! 여자도 같은 사람이

란다. 여자를 존중할 줄 아는 남자가 진정 멋진 남자란다."

신사임당은 그림 도구를 정리했어요. 이이가 어머니를 도우며 말했어요.

"어머니, 결심했어요."

"뭘?"

"저는 어른이 되면 다른 사람을 존중하는 사람이 되겠어요."

그 말을 듣고 신사임당이 활짝 웃었어요. 신사임당은 아들이 훗

날 훌륭한 사람이 되리라고 확신했어요.

깨알 인물 정보 오늘날 신사임당은 조선의 대표적인 여성 예술가로 존경받아요. 이이는 훗날 벼슬자리에 오른 후 신분에 따라 사람을 차별하는 제도를 바꾸려고 노력하였어요.

신사임당

조선을 대표하는 여성 예술가

여자도 얼마든지
멋진 예술가가
될 수 있어!

국가
조선

살았던 때
1504~1551년

직업
예술가, 서화가

성격
감성이 풍부함.

별명
현모양처
(현모양처란 '지혜로운 어머니,
좋은 아내'란 뜻이에요.)

관심사
자녀 교육하기, 예술 작품
만들기, 자연을 소재로 한
그림 그리기

싫어하는 것
남존여비* 사상

특기
그림 그리기, 자수

가족 관계
아들: 조선의 대표적인
학자, 이이

특히 잘 그린 그림
풀벌레와 포도

**깨알
연계 정보**
*남존여비(男尊女卑)는 남자는 높이고 여자는 낮추는 걸 말해요. 조선은 유교 사상을 따르는 나라
였는데, 유교에서는 남존여비를 당연한 걸로 받아들였어요. 이 영향으로 여자는 여러 가지로 차별
대우를 받았어요. 학교에 들어가 공부를 할 수 없었고, 벼슬도 할 수 없었어요.

우리나라의 화폐에 등장하는 위인들

신사임당의 작품인 〈포도〉예요. 신사임당은 이 외에도 꽃과 새를 그린 화조도, 풀과 풀벌레를 그린 초충도, 아름다운 자연을 그린 산수화로 평판이 높았어요.

오만 원권: 조선의 예술가, 신사임당

만 원권: 조선 제4대 왕, 세종

천 원권: 조선의 학자, 이황

오천 원권: 조선의 학자, 이이

신사임당을 왜 현모양처라고 할까?
- 좋은 어머니였어요. 아들 이이를 훌륭한 학자로 키웠어요.
- 좋은 아내였어요. 남편이 부패한 정치가와 사귀지 못하도록 했어요.

예술가 신사임당의 명성
안견은 조선 초기 세종 때의 화가로, 신사임당이 살던 때까지 조선 최고의 화가라는 평가를 받았어요. 신사임당의 그림을 본 사람들은 그녀의 솜씨가 안견 못지않다고 칭찬했어요.

나라 걱정에 잠 못 이룬 신하

조선 시대 궁궐에는 왕을 돕는 학문 연구 기관인 홍문관이 있었어요. 1575년의 어느 날 밤, 늦은 시간인데도 홍문관에서는 불빛이 흘러나오고 있었어요.

궁궐을 순찰하는 군관이 불빛을 보고 홍문관 방문을 두드렸어요.

"누구냐?"

"궁궐 순찰 군관이옵니다."

"들어오너라."

군관이 들어가니 이이가 붓을 든 채로 맞았어요. 군관이 말했어요.

"나리, 밤이 깊었습니다."

"밤이 깊어도 조선의 앞날을 생각하니 이 일을 멈출 수가 없구나. 난 지금 전하께 바칠 책을 쓰고 있다. 《성학집요》라는 책이지. 너에게 한번 물어보자꾸나. 조선은 지금 이대로 가도 좋으냐? 솔직하게 말해도 좋다."

이이의 질문에 군관이 말했어요.

"저도 나라 걱정이 한둘이 아닙니다. 신하들은 편을 갈라 싸우고, 백성들은 살기 힘들다고 아우성이고……. 또 하나 걱정은 현재 조선의 군사력이 너무 약하다는 점입니다."

"나도 너와 생각이 비슷하다. 나는 조선의 이런저런 문제들을 해결하는 가장 좋은 방법은 전하께서 강력한 개혁 정책을 추진하는 것이라고 생각한다. 개혁이 성공하려면 전하부터 바뀌셔야 한다는 게 내 생각이다. 신하가 왕에게 잔소리를 해서 바뀌라고 하는 건 예의가 아니지. 그래서 난 예로부터 전해 온 성인들의 말 중에서 왕이 새겨들어야 할 좋은 내용들을 정리하고 있다."

군관은 나라를 생각하는 이이의 충직한 마음을 느꼈어요.

"나리, 꼭 좋은 책을 쓰십시오. 그래서 전하께서 나리의 책을 보고 지금보다 더 훌륭한 왕이 되시기를 저도 빌겠습니다."

군관이 나간 후 이이는 다시 붓을 들어 글을 쓰기 시작했어요.

얼마 후 이이는 《성학집요》를 완성해 조선 제14대 왕인 선조에게 바쳤어요. 선조는 이이가 나라를 진정으로 위하는 좋은 신하임을 알고 있었기에 기쁜 마음으로 《성학집요》를 받았어요.

책을 바치고 나오면서 이이는 마음속으로 이렇게 바랐어요.

'전하, 부디 《성학집요》에 있는 내용을 참조하셔서 조선의 개혁을 꼭 이루소서!'

깨알
인물 정보

안타깝게도 이이의 기대는 물거품이 되었어요. 개혁을 게을리한 조선의 힘은 점점 약해졌어요. 결국 1592년 일본이 조선을 침입했고, 조선 백성은 전쟁으로 큰 고통을 받았어요.

이이
조선의 학자이자 정치가

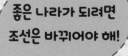

좋은 나라가 되려면 조선은 바뀌어야 해!

국가
조선

살았던 때
1536~1584년

직업
학자, 정치가

성격
소신이 뚜렷하고 청렴함.

별명
진짜 선비
(열심히 공부하고 깨끗하게
살아 선비의 모범이
되었어요.)

관심사
정치 개혁하기

싫어하는 것
부패한 신하, 무능한 왕

특기
공부하기

가족 관계
어머니: 조선의 대표적인
여성 예술가, 신사임당

또 다른 이름
율곡
(율곡은 이이의 호*
예요.)

특이한 점
이이는 과거에 9번이나
수석으로 합격했어요.

깨알
연계 정보

*'호(號)'는 원래 이름 이외에 따로 지어 부르는 이름이에요. 조선 시대 선비들은 서로를 부를 때 또
는 글을 쓸 때 그 사람의 본명 대신 '호'를 썼어요.

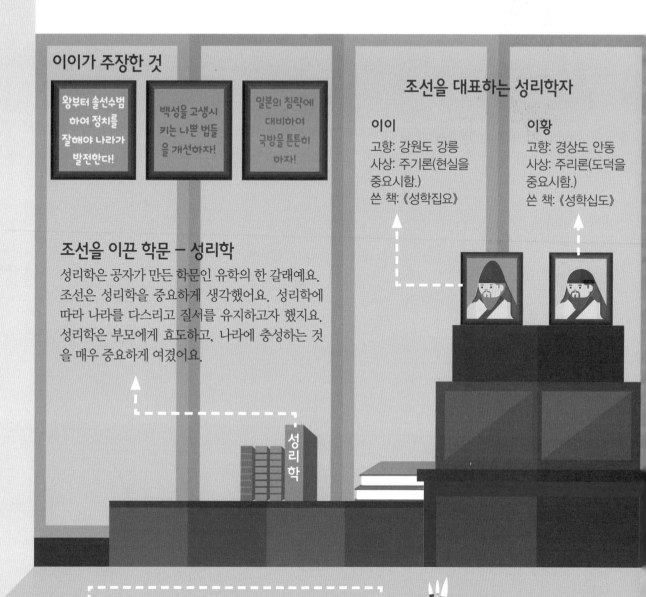

이이가 주장한 것

> 왕부터 솔선수범하여 정치를 잘해야 나라가 발전한다!

> 백성을 고생시키는 나쁜 법들을 개선하자!

> 일본의 침략에 대비하여 국방을 튼튼히 하자!

조선을 대표하는 성리학자

이이
고향: 강원도 강릉
사상: 주기론(현실을 중요시함.)
쓴 책: 《성학집요》

이황
고향: 경상도 안동
사상: 주리론(도덕을 중요시함.)
쓴 책: 《성학십도》

조선을 이끈 학문 – 성리학

성리학은 공자가 만든 학문인 유학의 한 갈래예요. 조선은 성리학을 중요하게 생각했어요. 성리학에 따라 나라를 다스리고 질서를 유지하고자 했지요. 성리학은 부모에게 효도하고, 나라에 충성하는 것을 매우 중요하게 여겼어요.

성리학

개혁

이이가 조선의 개혁을 주장한 이유

이이가 정치가로 활동한 시기에 조선은 중앙의 신하들이 권력 다툼을 벌이거나, 지방의 관리들이 부정부패를 저지르는 일이 많았어요. 그래서 조선의 힘은 차츰 약해졌지요. 이이는 이런 현실을 바로잡기 위해 개혁을 주장했어요.

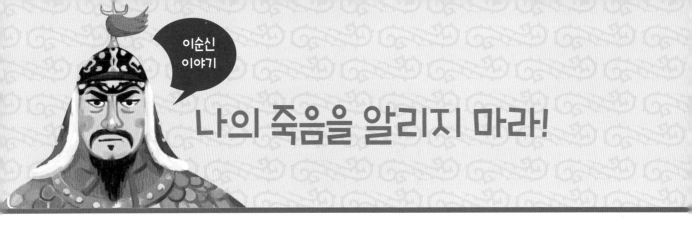

나의 죽음을 알리지 마라!

"이순신을 체포하라!"

한양에서 온 병사들이 이순신을 둘러쌌어요. 이순신이 담담한 얼굴로 물었어요.

"왕의 명령이오?"

"그렇소."

"왕의 명령을 거역할 순 없지. 좋소. 나를 잡아가시오."

이순신은 수군을 이끌고 많은 전투에서 일본군을 무찔렀어요. 그런데 체포라니!

이순신은 무과에 합격한 후부터 나라를 지키는 데 헌신했어요. 임진왜란이 일어나기 직전 바다를 지키는 수군 장군이 된 이순신은 머지않아 일본이 침략할 것을 예상했어요. 그리하여 군사 훈련을 부지런히 하고, 거북선을 만들어 전쟁에 대비했어요.

이순신의 예상은 적중했어요. 1592년 4월 13일, 20만 명의 일본군이 조선을 침략한 거예요. 일본군은 조선군을 연거푸 무찔렀어요.

이순신은 만반의 준비를 갖춘 후, 옥포 앞바다로 향했어요. 그리고 5월 7일 옥포 앞바다에서 일본의 배 50여 척 중 26척을 격침하는 승리를 얻었어요. 이것이 임진왜란 때 이순신의 첫 전투인 '옥포 해전'이에요. 이 전투 이후 이순신은 당포에 정박 중인 일본군을 공격하여 일본의 배 21척을 모두 격침시킨 '당포 해전'과 수군을 학의 날개 모양으로 배치하여 크게 이긴 '한산도 대첩' 등 여러 전투에서 큰 활약을 펼쳤어요.

바다를 지키는 이순신의 활약으로 일본군은 병사와 식량을 조선 땅에 보내는 데 큰 차질을 빚었어요. 당장 망할 것 같았던 조선에 일본을 물리칠 수 있다는 희망이 생겼지요.

육지에서도 좋은 소식이 들려왔어요. 백성들이 칼과 창을 들고 나라 지키기에 나선 거예요. 이들을 '의병'이라고 해요. 의병들은 전국 곳곳에서 일본군을 막아 냈어요.

조선 정복이 힘들 거라고 예상한 일본은 휴전 회담을 열었어요. 하지만 3년 동안 이어진 회담은 서로의 요구 조건이 맞지 않아 결렬되었어요. 이후 1597년 일본은 14만 명의 군사를 이끌고 조선에 다시 쳐들어왔어요. 바로 '정유재란'이 일어난 거예요.

이때 조선에는 이순신을 시기하는 사람들이 있었어요. 그중에는 원균이라는 장군도 있었는데, 원균은 선조에게 이순신이 출동을 지연했다며 체포해야 한다고 주장했어요. 선조는 원균의 말에 따라 이순신을 체포하라는 명령을 내렸어요.

한양으로 체포되어 가는 이순신이 지나는 곳곳마다 백성들이 모여 울음을 터뜨렸어요. 바다를 지키던 조선의 영웅이 억울하게 죄인이 되었기 때문이에요.

이순신은 한 달여 동안 감옥에 갇혀 혹독한 조사를 받았어요. 하지만 다행히도 이순신은 다른 신하와 장군들의 도움으로 벼슬 없이 전쟁터로 나가 싸울 수 있게 되었어요.

한편 이순신이 감옥에 있는 동안, 이순신의 벼슬을 넘겨받은 원균이 조선 수군을 이끌고 일본군과 전투를 벌였어요. 하지만 원균은 일본군의 유인 작전에 빠져 거의 전멸에 가까운 패배를 하고 말았어요.

덜컥 겁이 난 선조는 다시 이순신에게 벼슬을 주고 일본을 막으라고 명령했어요. 변덕이 심한 왕과 질투심이 많은 신하들! 이순신은 그들을 생각하면 다시 전쟁터로 나가기 싫었을지도 몰라요. 하지만 이순신은 선조의 명령에 따랐어요. 위기에 빠진 조선을 구하는 것이 제일 중요하다고 생각했기 때문이에요.

이순신이 다시 수군 진지에 도착했어요. 그곳에는 지친 120명의 수군과 10여 척의 배만 남아 있었어요.

이 무렵 일본군은 133척의 배로 남해 바다를 가로질러 서해로 진출하려고 했어요. 이순신은 무슨 수를 써서라도 일본군이 서해로 진출하는 것을 막아야 했어요.

이순신이 병사들을 모았어요.

"전쟁터에서 죽고자 하면 살고 살고자 하면 죽는다. 죽을 각오로 싸운다면 한 사람이 천 명의 적도 두렵게 할 수 있다!"

수군은 돌아온 이순신을 보자 용기가 생겼어요. 이순신은 13척의 배를 이끌고 명량 해협으로 나갔어요.

이순신은 열 배 이상 많은 적을 무찌르기 위해 기발한 작전을 짰어요. 바닷물의 흐름을 이용해 적을 물리치는 것이었어요.

명량 해협은 육지와 섬 사이의 바닷길로 물살이 특히 센 곳이었어요. 이순신은 명량 해협 근처에 일자(一) 모양으로 배를 배치했어요.

얼마 후 일본의 배가 모습을 드러냈어요. 이순신은 공격 명령을 내렸어요. 물살을 이용해 빠르게 이동한 조선의 배는 거친 물살 때문에 제대로 움직이지 못하는 일본 배에 화포와 불화살을 쏘았어요. 시간이 지나면서 한 척, 두 척 일본의 배가 침몰하기 시작했어요.

깨알 인물 정보

1598년 노량 앞바다에서 일어난 이 전투를 '노량 해전'이라고 해요. 노량 해전에서 이순신은 죽었지만, 조선은 일본에 승리했어요. 이로써 7년간 이어진 왜란은 끝이 났어요. 이순신은 오늘날까지도 나라를 지킨 영웅으로 존경받고 있어요.

치열한 전투 끝에 31척의 일본 배가 침몰했어요. 수많은 일본군이 바다에 빠져 물귀신이 되었지요. 놀라운 작전과 조선 수군의 용기를 보고 일본군은 결국 후퇴하였어요.

단 13척의 배로 적군의 배 133척과 맞서 싸워, 31척을 침몰시켰어요. 이를 '명량 대첩'이라고 해요. 명량 대첩은 세계 해군 역사에서 찾아보기 힘든 놀라운 승리였어요. 명량 대첩에서 패배한 일본은 더 이상 서해를 넘보지 못했어요. 이순신이 다시 한 번 조선을 구한 거예요.

1598년, 일본 정부는 조선 침략의 꿈을 포기하고 조선에 있는 일본군에게 후퇴하라고 명령했어요.

이 소식을 들은 이순신은 일본군에 마지막 타격을 주려고 결심했어요. 1598년 11월 19일 이순신은 노량 앞바다에서 후퇴하는 일본군 배를 공격했어요. 이순신은 갑판에 서서 공격을 지휘했어요.

"다시는 조선을 넘보지 못하게 혼을 내 주어라!"

전투가 한창일 때였어요. 갑자기 이순신이 무릎을 꿇고 주저앉았어요. 가슴에서 피가 흐르고 있었어요. 일본군의 총탄에 맞은 거예요. 자신의 죽음을 예감한 이순신은 부하 장군에게 말했어요.

"나의 죽음보다 전투가 중요하다. 병사들에게 나의 죽음을 알리지 마라. 계속 싸워라!"

이순신

임진왜란 때 큰 공을 세운
조선의 장군

국가
조선

살았던 때
1545~1598년

직업
장군

성격
강직하고 담대함.

별명
성웅 이순신
(성웅은 많은 사람이
존경하는 영웅이란 뜻이에요.)

관심사
조선을 위기에서 구하기,
부하 통솔하기

싫어하는 것
비겁한 지도자, 겁 많은 병사

특기
뛰어난 전술 짜기, 글쓰기

죽는 날까지
조선을 지킬
것이다!

크게 활약한 전쟁
임진왜란과 정유재란*

만든 것
거북선

남긴 책
《난중일기》

깨알
연계 정보

*'왜란'은 일본이 일으킨 전쟁이란 뜻이에요. 1592년(임진년) 일본은 20만 명의 군사를 앞세워 조선
을 침략했어요. 이 전쟁을 '임진왜란'이라고 해요. 이후 3년 동안 휴전 회담이 진행되었어요. 그러나
휴전은 이루어지지 않았고 1597년(정유년)에 일본은 다시 조선을 공격했어요. 이 전쟁을 '정유재란'이
라고 해요. 일반적으로 '임진왜란'에 '정유재란'을 포함해 말하기도 해요.

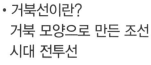

- 거북선이란?
  거북 모양으로 만든 조선 시대 전투선
- 정식 명칭: 귀선
- 모양: 머리는 용의 머리, 몸통은 거북 모양
- 만든 사람: 이순신
- 만든 이유: 일본군을 무찌르기 위해서

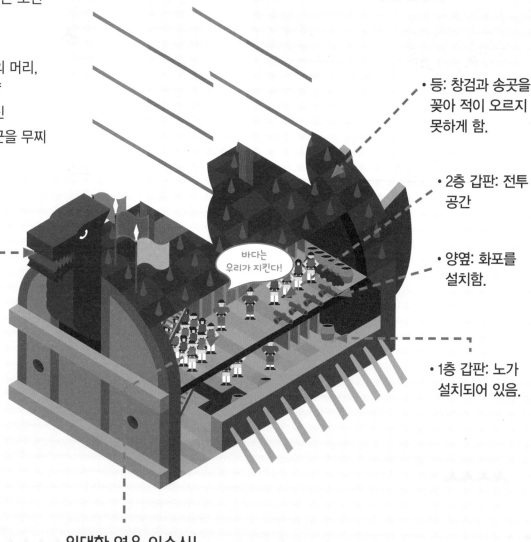

바다는 우리가 지킨다!

- 등: 창검과 송곳을 꽂아 적이 오르지 못하게 함.
- 2층 갑판: 전투 공간
- 양옆: 화포를 설치함.
- 1층 갑판: 노가 설치되어 있음.
- 용머리: 포를 쏘거나 연기를 내뿜어 적을 위협함.

위대한 영웅 이순신!

이순신은 임진왜란 때 '옥포 해전', '한산도 대첩', '명량 대첩' 등 수많은 전투에서 일본군을 무찔렀어요.

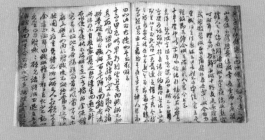

이순신이 쓴 《난중일기》

- 국보 제76호
- 국보 정식 명칭: 이충무공난중일기부서간첩임진장초
- 내용: 임진왜란이 일어난 1592년부터 전쟁이 끝난 1598년 때까지의 일을 간결하게 기록했어요.
- 특징: 2013년 6월 유네스코 세계 기록 유산으로 지정되었어요.

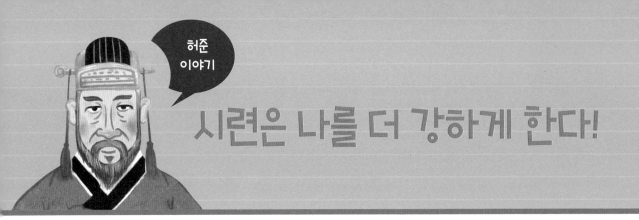

시련은 나를 더 강하게 한다!

허준은 양반집의 서자로 태어났어요. 허준은 누구보다 똑똑하고 부지런했지만 서자라는 이유로 많은 차별을 받았어요. 하지만 허준은 낙심하지 않고 자신의 목표에 도전했어요. 조선 최고의 의원이 되겠다는 목표였지요. 그리하여 허준은 의학 공부에 매진했어요.

어느 날 시장 거리를 걷던 허준은 사람들이 웅성거리는 소리를 들었어요. 한 아이가 배를 부여잡고 길가에 쓰러져 있었어요.

아이의 아버지로 보이는 양반이 말했어요.

"여기 의술을 다루는 사람 없소? 내 아들 좀 살려 주오!"

허준은 쓰러진 아이에게로 달려가 말했어요.

"이보시오! 괜찮소? 내가 의술을 다룰 줄 아니 맥을 한번 짚어 보겠소."

그러자 양반이 못마땅한 표정으로 말했어요.

"아니, 서자인 주제에 감히 내 아들을 고칠 수 있겠는가? 필요 없소!"

그런 후 양반은 쓰러진 아들을 둘러업고 의원으로 달려갔어요.

허준은 서자인 자신의 신분 때문에 무시당하는 현실이 싫었어요. 하지만 그때마다 생각했어요.

'모든 일을 긍정적으로 받아들이자. 시련은 나를 훌륭한 의원으로 만들 것이다.'

그렇게 허준은 계속하여 의학 공부에 힘을 쏟았어요.

그러던 어느 날, 한 남자가 허준을 찾아왔어요.

"허준 계시오?"

찾아온 남자는 안면이 있는 학자 유희춘이었어요.

"이 시간에 웬일이십니까?"

"며칠 전부터 안사람이 많이 아프다네. 자네가 와
서 좀 고쳐 줄 수 있겠나?"

"서자 신분인 제가 어찌 감히 나리의
마님을……."

"괜찮네. 자네의 실력이라야
안사람이 나을 수 있을 것
같네."

허준은 침과 뜸을 챙겨
유희춘을 따라 집을 나
섰어요.

유희춘의 집에 도착한 허준은 곧바로 부인을 진료했어요. 며칠 동안 잠도 제대로 안 자고
환자 곁을 지키면서 침을 놓고 약을 처방했어요.

진료를 시작한 지 열흘째 되는 날, 부인의 상태는 몰라보게 좋아졌어요.

"고맙네! 자네가 안사람을 살렸네."

유희춘은 크게 기뻐했어요.

이 일이 있은 뒤 유희춘은 궁궐의 의약을 맡아보던 관아인 내의원에 허준을 추천했어요.
이로 인해 허준은 궁궐에서 의원으로 일할 수 있었어요. 이후 실력을 인정받은 허준은 왕
의 건강을 돌보는 어의로 임명되었어요.

깨알
인물 정보

허준은 의학 공부를 더욱 열심히 해 의학책인 《동의보감》을 완성했어요. 조선의 의원들은
《동의보감》 덕분에 더 많은 환자의 생명을 구할 수 있었어요.

허준

《동의보감》을 쓴 조선의 의원

조선의 의학으로 백성을 구하리라!

국가
조선

살았던 때
1539~1615년

직업
의원, 의학자

성격
집념이 강하고 긍정적임.

별명
명의
(명의란 실력이 뛰어나
이름난 의사를 말해요.)

관심사
환자 치료하기,
의학 연구하기

싫어하는 것
차별 대우를 받는 것

신분
양반집 서자*

남긴 것
조선 최고의 의학책인
《동의보감》

**《동의보감》 완성에
걸린 시간**
14년

주요 벼슬
궁궐에서 왕과 왕족의
병을 치료하는 어의

깨알
연계 정보

*서자는 정식 부인이 아닌 여자에게서 난 자식을 말해요. 조선 시대에는 남자가 첩을 두는 풍속이 있어서 서자가 많았어요. 서자는 정식 부인의 아들인 적자와 비교되면서 여러 가지로 차별을 받았어요.

허준이 조선의 최고 의사인 이유는?

- 어의로 일하며 왕과 여러 왕족의 병을 고쳤어요.
- 백성의 건강을 위해 최고의 의학책인 《동의보감》을 썼어요.

유네스코 세계 기록 유산인 《동의보감》

《동의보감》은 좋은 의학책으로 소문이 나 중국과 일본에서도 출간되었어요. 현대에 들어서는 유엔에 속한 교육 과학 문화 기구인 유네스코가 《동의보감》을 세계 기록 유산으로 지정하였어요. 보존 가치가 높다고 판단했기 때문이지요. 오늘날의 한의사들도 《동의보감》을 참고해 환자를 돌본답니다.

동양에서 가장 우수한 의학책인 《동의보감》

구성: 총 25권

내용: 여러 가지 질병과 치료 방법을 다룸.

특징: 2009년 유네스코 세계 기록 유산으로 지정됨.

조선 시대 서자가 받은 차별 대우

- 집에서 아버지를 아버지라고 부를 수 없었어요.
- 공부를 잘해도 높은 벼슬에 오르기 힘들었어요.
- 부모가 죽은 후 유산을 공평하게 물려받지 못했어요.

조선 시대 의원

되는 방법: 잡과에 합격해야 함.

신분: 양반 아래의 중인 계급에 속함.

치료 방법: 주로 침이나 약초를 씀.

조선 시대 과거의 종류

- **문과:** 관리를 뽑는 시험으로, 최고 권위가 있던 시험
- **무과:** 군사 일을 담당하는 무관을 뽑는 시험
- **잡과:** 의학, 천문학 등의 기술관을 뽑는 시험

오늘날의 의사

되는 방법: 의대 졸업 후 국가 시험에 합격해야 함.

신분: 전문직으로 사회에서 존경을 받음.

치료 방법: 수술, 약, 첨단 의학 장비 등을 이용함.

내가 죽어도 나의 글은 살아남을 것이다!

"전하, 허균과 그 일당이 반역을 일으키려 했습니다."

1618년 몇몇 신하가 조선 제15대 왕, 광해군에게 말했어요.

"허균이? 증거가 있느냐?"

"숭례문에 반역을 선동하는 벽보가 붙었습니다. 벽보를 붙인 자는 허균의 부하였습니다. 결국 반역을 선동한 것은 허균이옵니다."

"믿을 수 없다. 나에게 생각할 시간을 다오."

허균이 살던 때 조선의 신하들은 편을 갈라 대립했어요. 신하들 중에는 허균을 눈에 박힌 가시처럼 미워하는 사람들이 있었어요.

허균에게 적이 많은 건 성격 때문이기도 했어요. 허균은 매우 솔직했어요. 부패하고 위선적인 신하를 보면 날카롭게 비판했지요.

정치가가 되기 전부터 허균은 남달랐어요. 허균은 양반집 아들로 태어났지만 신분을 차별하는 조선 사회를 거침없이 비판했어요. 신분에 관계없이 인재를 선발해야 나라가 발전할 수 있다고 주장했어요.

양반들은 대부분 자신과 신분이 비슷한 사람과 어울렸는데 허균은 달랐어요. 마음이 맞는 사람이면 신분에 상관없이 우정을 나누었지요. 서자, 학문이 높은 스님, 문학에 재능이 있는 기생 등을 친구로 사귀었어요.

이런 성격과 행동 탓에 벼슬살이를 하면서도 허균은 늘 사람들과 논쟁을 벌였어요. 허균이 워낙 똑똑하기 때문에 그의 재능을 질투하는 사람도 많았지요.

반대 세력이 자기를 역적으로 몰았다는 소식을 들은 허균은 살날이 많지 않음을 깨달았어요. 그래서 아들과 손자를 불렀어요.

"애야, 나는 조선의 개혁을 꿈꾸며 살았다. 하지만 그 꿈을 끝내 이루지 못하고 죽을 것 같구나. 부탁이 있다. 내가 쓴 글을 잘 간수하여라."

허균이 이런 당부를 하고 있을 때 누가 허균의 집 문을 탕탕 두드렸어요. 문 너머에서 호령 소리가 들렸어요.

"허균을 잡아 오라는 왕의 명령이시다. 얼른 문을 열어라!"

허균은 체념한 얼굴로 자리에서 일어났어요. 그리고 유언을 하듯 손자에게 말했어요.

"최후의 순간이 왔구나. 그러나 내가 죽더라도
나의 글은 살아남을 것이다."

깨알 인물 정보

허균이 진짜 역적이었는지는 확실하지 않아요. 반대 세력이 음모를 꾸며 허균을 죽였다는 주장도 있지요. 그의 후손들이 허균이 쓴 글을 잘 보관한 덕분에 오늘날 우리는 그의 소설과 시를 읽을 수 있어요.

허균
우리나라 최초의 한글 소설인
《홍길동전》을 쓴 조선의 문학가

사람을 차별하는
조선은 변해야 한다!

국가
조선

살았던 때
1569~1618년

직업
문학가, 정치가

성격
얽매이는 걸 싫어하고
자기주장이 강함.

별명
조선 문학의 풍운아
(풍운아는 어떤 분야에서
크게 활약해 두각을 나타내
는 사람을 말해요.)

관심사
여행하기, 친구 사귀기

싫어하는 것
사람 차별하는 것,
부패한 신하들

특기
시와 소설 쓰기

가족 관계
누나: 시인, 허난설헌

집안
학문이 뛰어난 양반
집안

쓴 책
소설 《홍길동전》,
시와 글 모음집 《성소부
부고》

특이한 점
정치가로 활동하다가
역적*으로 몰려 사형
당함.

깨알
연계 정보

*'역적'이란 자기 나라나 왕을 몰아내려고 반역을 일으킨 사람을 말해요. 조선 시대에는 반역죄가 가
장 큰 죄였답니다. 역적으로 몰리면 본인뿐만 아니라 가족도 벌을 받았어요. 또 역적이 쓴 책은 다 태
워 버렸는데, 다행히 《홍길동전》은 불타지 않고 온전히 남았어요.

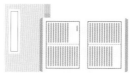

《홍길동전》의 줄거리

《홍길동전》 ⓒ국립중앙박물관

양반과 하녀 사이에서 태어난 홍길동은 서자라는 이유로 차별을 받았어요. 이를 견디지 못한 홍길동은 집을 나가 활빈당이란 도적의 우두머리가 되었어요. 그러고는 부자의 재물을 빼앗아 가난한 사람을 도와주었지요. 얼마 뒤 나라에서는 홍길동에게 벼슬을 줄 테니 도둑질을 그만두라고 했어요. 하지만 홍길동은 벼슬을 거절하고 사람들과 섬으로 들어가 율도국이라는 나라를 세웠어요.

허균이 《홍길동전》을 쓴 이유

조선은 차별이 많은 사회였어요. 서자도 큰 차별을 받았어요. 허균은 조선이 발전하려면 신분으로 사람을 차별하는 세태를 바꾸어야 하고, 부패하고 무능한 신하는 쫓아내야 한다고 생각했어요. 이 생각을 소설로 표현한 것이 바로 《홍길동전》이에요.

천재 문학가 남매 – 허균과 허난설헌

허균의 누나인 허난설헌은 천재 시인이었어요. 허난설헌이 쓴 시는 중국의 문학가들도 감탄할 만큼 뛰어났지요. 허균은 허난설헌이 죽은 후 허난설헌의 문장과 시를 모아 《난설헌집》을 펴냈어요.

그 외 조선 시대 유명 소설가

김시습
대표작: 《금오신화》

특징: 우리나라 최초의 한문 소설

김만중
대표작: 《구운몽》

특징: 불교적 인생관을 담은 장편 소설

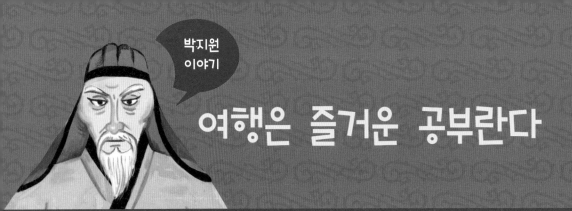

여행은 즐거운 공부란다

"나리, 오늘 압록강을 건넌다고 하옵니다."

하인이 박지원에게 말했어요.

박지원은 날짜를 계산해 보았어요. 5월 말에 한양을 떠났으니 여행에 나선 지 벌써 한 달 가까이 되었어요.

일행도 많고, 청나라 황제의 생일 선물도 챙겨야 하고, 게다가 장마로 강물이 불어나 며칠 을 허비했어요.

이제 압록강을 건너면 청나라 땅이었어요. 강을 건넌다고 생각하니 박지원은 마음이 설레 었어요. 젊은 시절부터 꼭 가 보고 싶었던 청나라였거든요. 박지원이 간절히 바라던 일이 일어난 거예요.

조선 제22대 왕인 정조는 청나라 황제의 생일을 축하하는 사신을 보내기로 결정했어요. 정조는 박지원의 친척 형을 사신으로 임명했어요. 박지원은 친척 형에게 부탁해 사신 일행 에 낄 수 있었어요.

사신 일행은 압록강을 건너기 전에 말에 짐을 실었어요. 박지원은 짐 싣는 걸 맨 먼저 끝냈 어요. 짐이 간단했기 때문이에요. 안장 양쪽에 달린 두 개의 주머니가 전부였어요.

하인이 물었어요.

"다른 분들은 짐이 많은데 나리는 짐이 너무 단출합니다."

"당연하지. 필요한 것만 넣었으니까. 뭐가 들었는지 궁금하면 열어 보렴."

하인이 주머니를 열어 보았어요. 주머니 하나에는 붓과 벼루와 먹이 있었어요. 또 다른 주머니에는 종이가 있었지요.

"붓과 종이가 왜 이리 많습니까요?"

"여행이란 많은 걸 배울 수 있는 기회다. 난 청나라에 가서 보고 느끼고 배운 것을 전부 기록할 거야. 그래서 많은 필기구를 가져가는 거란다."

마침내 사신 일행이 길을 떠났어요. 박지원이 말의 등의 두드리며 소리쳤어요.

"여행은 즐거운 공부! 자, 떠나자. 청나라로!"

깨알 인물 정보

박지원에게 청나라 여행은 즐거운 공부였어요. 박지원은 청나라에서 새로운 것을 보고, 느끼고, 배웠어요. 그리고 조선에 돌아온 박지원은 《열하일기》를 썼어요.

박지원

청나라 기행문 《열하일기》를
쓴 조선의 문학가

세상은 넓고
볼 것은 많다!

국가
조선

살았던 때
1737~1805년

직업
문학가, 학자

성격
배짱이 있고 호기심이
많음.

별명
조선 최고의 문학가

관심사
여행하며 관찰하기,
친구 사귀기

싫어하는 것
허영심에 사로잡힌
양반들

특기
글쓰기(시, 소설, 기행
문 등 모든 글을 잘 썼
어요.)

집안
명문 양반 집안(하지만
물려받은 재산이 없고
돈에 욕심이 없어 가난
하게 살았어요.)

남긴 것
청나라를 여행한 뒤 쓴
기행문 《열하일기》

청나라를 여행한 때
1780년

**청나라에 갈 수 있었
던 이유**
청나라에 사신*으로
가는 친척 형을 따라
갔음.

깨알
연계 정보

*'사신'은 왕의 명령을 받고 외국에 가는 사람이에요. 조선 시대에는 해마다 여러 사신이 중국을 방
문했어요. 군인이나 하인들도 사신을 따라갔기 때문에 사신 일행이 100명이 넘는 경우도 있었어요.
박지원이 참가한 사신 일행은 청나라 황제의 생일을 축하하기 위해 중국에 갔어요.

여행하며 보고 듣고 느낀 점을 담은 《열하일기》

이 책은 단순한 일기가 아니에요.
청나라를 여행하면서 보고 듣고 느낀 것을 적은 훌륭한 관찰 기록이지요.
또 빼어난 시와 소설이 실려 있는 문학 작품집이기도 하고, 여러 가지 사회
문제를 설명한 책이기도 해요.

박지원이 《열하일기》를 쓴 이유

- 청나라의 새로운 기술과 문화를 조선에 소개하려고
- 글을 통해서 조선이 나아가야 할 방향을 알리고 싶어서

박지원의 시 감상

박지원은 죽은 형을 그리워하는 마음을 담아 다음과 같은 시를 썼어요.

연암억선형

우리 형님 얼굴과 수염은
누굴 닮았나?
돌아가신 아버지 보고 싶을
때마다 형님 얼굴 보았지.
이제 형님 생각나면 누굴 보나?
두건 쓰고 도포 입고 냇물에
비친 내 얼굴을 봐야겠네.

양반의 부정부패를 꼬집은 〈허생전〉

박지원이 지은 한문 단편 소설이에요.
당시 허약한 조선의 경제와 양반의
허위와 부정부패를 폭로했어요.

조선을 발전시킨 박지원의 친구들

홍대용
지구가 돈다는
학설을 발표하는 등
조선의 과학을 발전
시켰어요.

박제가
상업과 공업으로
조선의 경제를
발전시키자고
주장했어요.

이덕무
왕실 도서관인
규장각에서 많은
책을 썼어요.

나는 내가 그리고 싶은 걸 그릴 거야!

"홍도! 아침부터 어디 가나?"

도화서의 동료가 외출 준비를 하는 김홍도에게 물었어요.

"궁궐 밖 백성들을 그리러 가네."

"자네는 임금님 초상화를 그리는 유명 화가야. 유명 화가로서 체면이 있지, 그따위 백성 그림을 그려서 뭐하게?"

김홍도가 못마땅한 얼굴로 말했어요.

"유명 화가는 백성들의 모습을 그리면 안 되나?"

"그거야 뭐 자네 자유지만 나 같으면 돈 되는 그림을 그리겠어. 가령 벼슬이 높은 양반의 초상화 같은 거."

"돈이 되는 그림? 난 그런 거 관심 없네. 나는 나만의 그림, 내가 그리고 싶은 그림을 그릴 거야. 난 오래전부터 백성들이 살아가는 모습을 그리고 싶었어."

김홍도는 종이, 붓, 먹, 벼루 등 문방사우를 챙겨서 궁궐을 나왔어요. 거리에는 사람이 많았어요. 모두 밝은 표정이었어요. 김홍도도 싱글벙글 따라 웃었어요.

김홍도는 사람들이 많이 오가는 시장 거리로 나갔어요. 여기저기서 민속놀이를 즐기는 사람들이 보였어요. 여자들은 큰 나무 아래서 그네를 탔고, 그 옆의 공터에서는 함성 소리가 들렸어요.

"으라차차! 넘어간다! 넘어간다!"

"아, 안 돼!"

함성은 씨름을 구경하는 사람들이 외
치는 소리였어요. 김홍도는 얼른 그
림 도구를 꺼냈어요. 먹을 벼루에 갈
며 김홍도는 즐겁게 중얼거렸어요.

"내가 그리고 싶은 그림을 그릴 수 있
으니 기분 좋다! 오늘

〈씨름〉 ©국립중앙박물관

씨름하는 장사들과 구경꾼들의 모습을 멋지게 그려 볼 테다."

**깨알
인물 정보**

김홍도는 시간이 날 때마다 거리로 나
가 백성들의 생활 모습을 그려 《단원
풍속도첩》을 만들었어요. 여기에 실린
그림은 김홍도가 궁궐에서 그린 초상
화보다 더 유명한 작품이 되었답니다.

김홍도

풍속화와 산수화로 이름을
떨친 조선의 화가

나의 개성을 살린
그림을 그릴 테야!

국가
조선

살았던 때
1745~?년

직업
화가

성격
호탕하고 여유로움.

별명
천재 화가

관심사
개성 있는 그림

싫어하는 것
판에 박힌 그림

특기
산수화, 초상화, 풍속화 그리기

신분
중인*

그림 스승
조선의 유명 화가인
강세황

유명 화가가 된 때
왕의 초상화를 그리는
화가가 되면서

일을 한 곳
도화서(도화서는
궁궐에서 그림 작업을
맡은 관아예요.)

깨알
연계 정보

*조선에는 의학, 그림, 통역 등 전문 분야에 종사하는 사람들이 있었어요. 이들은 자기 직업을 자식에게 물려주는 경우가 많았어요. 이런 계급에 종사하는 사람들은 양반과 평민의 중간 계급인 중인 대접을 받았어요.

조선 시대 그림 도구

- 꼭 필요한 것: ① 종이 ② 붓 ③ 벼루 ④ 먹
- 있으면 편리한 것

연적: 벼루에 먹을 갈 때 쓸 물을 담아 두는 그릇
문진: 종이가 바람에 날리지 않도록 눌러두는 물건
낙관: 그림을 그린 후 그린 사람을 표시하는 도장

④ 먹

김홍도의 작품

〈서당〉 ⓒ국립중앙박물관

이 그림은 김홍도의 〈서당〉이란 작품이에요.
서당에서 공부하는 모습을 그렸어요.
선생님께 혼이 나고 훌쩍거리는 학생이나 고소하다는
듯 낄낄거리는 친구들의 모습 등 인물들의 모습을 익살
스럽고 실감 나게 잘 표현했어요.

③ 벼루

② 붓

① 종이

김홍도를 왜 천재 화가라고 할까?

보통 화가들은 인물화면 인물화, 풍경화면 풍경화를 잘 그릴 뿐, 여러 가지 그림을 잘 그리지는 못해요.
하지만 천재 화가는 달라요. 여러 가지 그림을 잘 그리지요. 김홍도도 그랬어요.
김홍도의 스승 강세황은 "내 제자 김홍도는 못 그리는 것이 없다. 인물, 경치, 신선, 동물과 벌레 등 모든
그림을 잘 그린다. 김홍도와 대적할 만한 사람이 없다."라고 했어요.

왕은 백성의 소리에 귀 기울여야 해!

"길을 비켜라! 전하께서 성문을 나가신다!"

칼을 든 장군이 호령했어요. 그 뒤를 이어 병사들이 줄을 맞춰 한양의 남쪽 정문인 숭례문을 나왔어요. 병사들 뒤에서 악사들이 피리를 불며 따라 나왔어요.

끝이 보이지 않는 행렬의 중간에 호위 병사들에게 둘러싸인 말이 있었어요. 말에 탄 사람은 조선 제22대 왕인 정조였어요. 신하들과 호위하는 병사 등 약 6,000명과 말 약 780필이 숭례문을 빠져나가는 데는 시간이 오래 걸렸어요.

정조 일행은 용산을 지나 한강에 도착했어요. 한강에는 배를 묶어 만든 배다리가 설치되어 있었어요. 배다리는 튼튼하여 사람이 말을 타고 올라가도 끄떡없었어요.

강을 건너며 정조는 마음이 설레었어요. 오늘은 어머니 혜경궁 홍씨의 환갑을 기념하여 아버지 사도 세자의 묘지에 가는 날이었기 때문이에요.

정조는 효자였어요. 정조는 오래전 당쟁으로 왕 자리에 오르지도 못하고, 억울하게 죽은 사도 세자의 무덤을 화성으로 옮겼어요. 화성에 가면 아버지 산소에 성묘하고 어머니를 위해서 잔치를 베풀 계획이었어요.

정조 일행이 한양 근처 고개를 넘을 때였어요. 갑자기 꽹과리 소리가 울리더니, 초라한 차림의 남자가 정조의 말 앞에 엎드려 절을 올렸어요.

정조를 호위하던 병사가 소리쳤어요.

"네 이놈! 어찌 전하께서 가시는 길을 막느냐?"

이 장면을 지켜보던 정조가 말했어요.

"야단치지 마라!"

정조가 꽹과리를 친 남자에게 말했어요.

"고개를 들거라! 무슨 억울한 일이 있는 거냐?"

왕이 거리를 지날 때 꽹과리를 울려 왕에게 억울한 사정을 말하는 제도를 '격쟁'이라고 해요. 신하들은 격쟁을 반대했지만 정조는 그때마다 이렇게 말했어요.

"무슨 소리! 왕은 백성의 소리를 잘 들어야 한다!"

이날 꽹과리를 울린 남자의 사정을 들은 정조가 말했어요.

"네 사정을 잘 들었다. 세세히 조사하여 억울한 일이 없게 할 터이니 가 보거라."

정조의 말을 들은 남자는 감격한 얼굴로 절을 올리고 자리를 떠났어요. 이 장면을 지켜본 백성들이 수군거렸어요.

"참으로 인자한 임금님이시다."

"백성의 목소리에 늘 귀 기울이는 우리 임금님 만세!"

정조를 찬양하는 백성의 환호성은 정조가 탄 말이 고개를 넘은 후에도 그치지 않았어요.

깨알 인물 정보 정조가 나라를 다스리던 때, 백성들은 살기 좋았어요. 하지만 조선을 강한 나라로 만들겠다던 정조의 꿈은 1800년 정조가 병으로 갑자기 죽으면서 물거품이 되었어요.

정조

조선의 문화를 크게 발전시킨 왕

조선 문화의 황금시대를 열자!

국가
조선

살았던 때
1752~1800년

직업
조선 제22대 왕

왕으로 나라를 다스린 때
1776~1800년

성격
인자하고 부지런함.

별명
개혁왕, 소통왕

관심사
조선을 강한 나라로 만들기, 정직한 신하

싫어하는 것
부패한 신하, 당쟁*

특기
글쓰기, 그림 그리기, 활쏘기(정조는 예술과 무술에 뛰어난 팔방미인 왕이었어요.)

가족 관계
할아버지: 조선 제21대 왕, 영조
아버지: 사도 세자

특이한 점
49세에 갑자기 병에 걸려 죽었어요. 정조가 갑자기 죽자 나쁜 신하들이 왕을 독살했다는 소문이 돌았어요.

아끼던 물건
책, 안경(책을 좋아한 정조는 나이가 든 후 시력이 나빠져 안경을 썼어요.)

깨알 연계 정보

*당쟁은 정치를 하는 사람들이 편을 갈라 싸우는 걸 말해요. 당쟁이 심해지면서 조선의 힘이 약해졌어요.

정조의 업적

문화를 발달시켰어요.

왕실 도서관인 '규장각'을 세워 학자들이 학문 연구, 책 출판에 힘을 쏟도록 했어요.

어진 정치를 펼쳤어요.

가혹한 형벌을 폐지하고, 상인들이 시장에서 자유롭게 장사하게 해 주는 등 백성이 살기 좋은 정치를 펼쳤어요.

인재를 고르게 뽑았어요.

조선 제21대 왕인 영조가 펼친 '탕평책'의 뜻을 받들어 당파에 휩쓸리지 않고, 인재를 고르게 뽑았어요.

화성 소개

정조가 경기도 수원시에 쌓은 성으로 사도 세자에 대한 정조의 효심과 왕의 힘을 키우고자 한 정치적 포부가 담겨 있어요.

- 위치: 경기도 수원시
- 건축 기간: 약 2년 8개월
- 특징: 유네스코 세계 문화유산으로 지정됨.

사진 속 성문은 화성의 북문인 '장안문'이에요.

정조의 아버지, 사도 세자

사도 세자는 조선 제21대 왕인 영조의 둘째 아들이자, 정조의 아버지예요. 영조와의 갈등으로 뒤주에 갇혀 굶어 죽는 비극적인 죽음을 맞았어요. 뒤주는 쌀과 같은 곡식을 담아 두는 나무 궤짝이에요. 정조는 왕위에 오른 후 사도 세자의 시호를 '장헌 세자'로 바꾸었어요.

난 아름다운 걸 그리고 싶어!

한 양반집에서 술자리가 벌어졌어요. 하인들이 연꽃이 피어 있는 조그만 연못 곁 정자에 자리를 깔자 양반들이 앉았어요. 그러자 술을 따르고 악기를 연주하는 기생들이 들어와 양반 옆에 앉았어요.

한 잔, 두 잔 술을 들이켜자 양반들은 흥이 올랐어요. 술에 취한 한 양반은 코를 골며 졸기도 했지요. 신윤복도 이 자리에 함께 있었어요. 신윤복이 얼굴이 가장 예쁜 기생에게 말했어요.

"난 화가라네. 자네 얼굴을 그리고 싶군."

"나리! 제가 비록 기생이지만 어찌 처음 보는 여자의 얼굴을 그리겠다고 하십니까?"

"아름다우니까. 나는 늘 아름다운 것을 표현하는 일에 관심이 많거든."

"호호! 괴짜 화가시네요. 그래도 제가 예쁘다니 기분은 좋습니다. 좋아요. 그리십시오."

신윤복은 얼른 붓을 꺼내 그림을 그리기 시작했어요.

며칠 후 신윤복은 그림을 완성했어요. 그림에는 〈미인도〉라는 제목을 붙였어요. 그림을 완성한 후 신윤복은 기생을 불러 그림을 보여 주었어요.

깨알 인물 정보

신윤복이 살던 시대에는 그림에 여성을 그리는 일이 거의 없었어요. 어떤 사람은 점잖지 못하다고 신윤복을 비판하기도 했지요. 그러나 신윤복이 그린 그림은 조선을 대표하는 인물 그림이 되었답니다.

기생은 큰 선물을 받은 듯 기뻐했어요.

"호호! 제 자랑 같아 쑥스럽지만 그림 속 얼굴이 참 곱습니다."

"하하! 자네가 만족하니 다행일세."

신윤복은 기생이 보는 앞에서 그림 옆의 빈칸에 그림에 대한 설명 글과 자기 그림임을 증명하는 도장인 낙관을 찍었어요.

〈미인도〉

기생이 물었어요.

"나리, 점잖은 양반들이 이 그림을 보고 나리를 욕하지 않을까 걱정됩니다."

"웃기는 소리! 이 세상에 아름다운 걸 싫어하는 사람은 없어. 난 앞으로도 자네 같은 미인을 많이 그릴 거야."

"나리! 존경합니다."

"나를 존경해? 왜?"

"저는 그림은 잘 모르오나 나리야말로 진짜 예술가라고 생각합니다. 아름답다고 생각하는 것을 자유롭게 표현하시니까요."

"맞는 말일세. 자유로운 표현! 그거야말로 예술의 생명이지."

신윤복

아름다움을 잘 표현한
조선의 화가

나는 내 맘대로
그릴 자유가 있다!

국가
조선

살았던 때
1758~?년

직업
화가

성격
소신이 강함.

별명
자유의 화가

관심사
남녀의 사랑, 아름다운 얼굴,
그리고 싶은 걸 그리기

싫어하는 것
표현의 자유를 방해하는 것

특기
남녀 간의 사랑을 다룬
풍속화*그리기

일을 한 곳
도화서

특이한 점
신윤복의 아버지인 신한
평은 도화서에서 명성을
떨친 화가였어요.

**깨알
연계 정보**

*'풍속도'라고도 하는 '풍속화'는 그 시대의 생활 모습을 그린 그림을 말해요. 자연의 아름다움을 그
린 '산수화', 새나 동물을 그린 '영모화', 꽃과 새를 그린 '화조화' 등도 있어요.

신윤복을 왜 '자유의 화가' 라고 할까?

조선 시대에는 대부분의 화가가 남녀 간의 사랑이나 미인의 모습은 점잖지 않다며 그리지 않았어요. 하지만 신윤복은 이런 고정 관념에서 벗어나 남녀 간의 사랑과 미인을 소재로 한 그림을 그렸어요.

신윤복이 후배 화가들에게 미친 영향

신윤복은 후배 화가들에게 자유롭게 그림의 소재를 고르고, 표현할 용기를 주었어요.
그 결과 소재가 다양한 미술 작품이 많아졌어요.

조선 시대의 천연물감

조선 시대 화가들도 그림을 멋지게 그리기 위해 물감을 사용했어요. 물감의 재료는 풀, 꽃, 열매 등 자연 재료에서 얻었어요. 이런 물감을 천연물감 또는 자연염료라고 해요.

〈단오풍정〉

신윤복의 작품

이 그림은 〈단오풍정〉이라는 작품으로, 단옷날 여인들이 그네를 뛰고, 냇물에 몸을 씻는 장면을 나타냈어요. 뒤편 바위틈에 숨어 여인을 바라보는 동자승들의 모습이 익살스러워요.

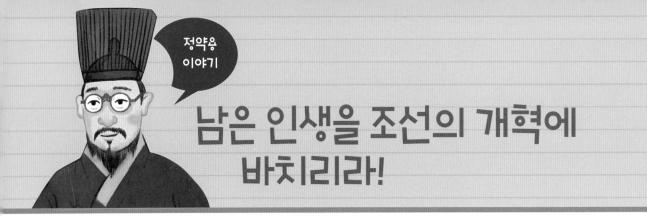

남은 인생을 조선의 개혁에 바치리라!

"이곳이 당신이 살 집이오. 이곳을 떠나면 벌을 받을 것이오."

정약용을 끌고 온 병사가 허름한 초가집을 가리키며 말했어요. 정약용은 주변을 둘러보았어요. 그곳은 전라남도 강진이었어요.

강진은 산과 강과 바다가 모두 아름다운 곳이었어요. 아름다운 고장이라서 정약용은 더 슬펐어요. 정약용은 이곳에 여행을 온 것이 아니라 유배되었기 때문이에요.

유배란 죄 지은 사람을 한양에서 먼 지방으로 쫓아내는 벌이었어요. 유배를 당한 사람은 왕이 용서할 때까지 유배된 곳을 벗어날 수 없었지요. 가족도 만날 수 없었으니 감옥살이

140

와 다를 게 없었어요.

정약용은 천주교를 믿었다는 이유로 유배를 당한 게 억울했어요. 나라를 위해 아무것도 할 수 없다는 사실도 속상했어요.

정약용은 마음이 아파 며칠 동안 아무것도 못 했어요. 하늘을 바라보면 한숨이 터져 나오고, 눈물이 뚝 떨어졌어요.

그러던 어느 날 밤, 정약용의 꿈에 1년 전에 세상을 떠난 조선 제22대 왕인 정조가 나타났어요. 정조는 입을 열어 정약용에게 무언가를 간절히 말했어요. 그런데 아무리 들으려고 해도 정조의 목소리가 들리지 않았어요.

"전하! 전하!"

잠꼬대를 하며 정약용은 잠에서 깨어났어요. 그리고 깊은 생각에 빠졌어요.

'돌아가신 전하가 꿈에 나타난 것은 무슨 뜻일까? 유배를 당했지만 이 나라를 위해 무언가를 하라는 당부를 하려고 하셨던 것은 아닐까? 그래. 내가 이렇게 넋을 놓고 있을 때가 아니다. 돌아가신 전하를 위해 그리고 이 나라 백성을 위해 무언가를 해야 한다.'

그러는 사이 새벽이 지났어요. 창문에 환한 햇살이 비쳤지요. 정약용은 창문을 바라보며 결심했어요.

"밤이 아무리 어두워도 아침은 온다. 전하의 개혁 정책이 실패한 지금은 깊은 밤과 같다. 그러나 언젠가 찬란한 아침과 같은 시대가 올 것이다. 나는 그런 시대를 앞당기는 데 힘을 쏟을 것이다."

정약용은 자리에서 벌떡 일어나 먹을 갈았어요. 그리고 붓을 든 정약용은 자기의 결심을 써 내려갔어요.

"이 아침에 나는 결심하나니, 내 남은 인생을 조선의 개혁에 바치겠노라."

깨알 인물 정보

정약용은 자신과의 약속을 지켰어요. 18년 동안 강진에서 유배 생활을 하면서 끊임없이 공부하였고, 조선의 발전을 위해 많은 책을 썼어요. 유배에서 풀려나 고향에 돌아간 후에도 공부와 책 쓰기를 멈추지 않았어요.

정약용
실학을 발전시킨 조선의 학자

국가
조선

살았던 때
1762~1836년

직업
학자, 정치가

모신 왕
조선 제22대 왕, 정조

성격
집념과 의지가 강함.

별명
조선 최고의 개혁 사상가

관심사
좋은 나라 만들기, 공부하기,
차 마시기, 사색하기

싫어하는 것
게으름을 피우는 것, 부정부패

특기
글쓰기

모든 백성이
잘사는 세상을
만들고 싶어!

매일매일 엄청난 책을
읽고 글을 썼던 정약용
은 나이가 들자 시력이
많이 약해졌어요.
그래서 안경을 꼈을 것
으로 추정하고 있어요.

특이한 점
정약용은 정조의 특별한
총애 속에서 '암행어사*'
로 활약하기도 했어요.
또한 과학에도 소질이
있어 무거운 것을 들어
올리는 '거중기'를 만들
었어요.

실학이란?
실생활에 도움이 되는
것을 중요시하는 조선
시대의 학풍이에요. 과
학적이고 객관적인 연구
를 통해 백성의 생활이
나아지게 하는 데 노력
했어요.

**깨알
연계 정보**

*암행어사는 지방의 신하들이 일을 잘하고 있는지, 백성들의 어려움은 무엇인지 살피는 신하예요.
암행어사는 왕의 명령을 받고 비밀리에 일을 하는 사람이기 때문에 허름한 복장으로 다녔어요. 암행
어사는 옳지 않은 관리를 벼슬에서 물러나게 하는 권한도 갖고 있었어요.

거중기

도르래를 이용하여 작은 힘으로 무거운 물건을 들어 올리는 기계예요.

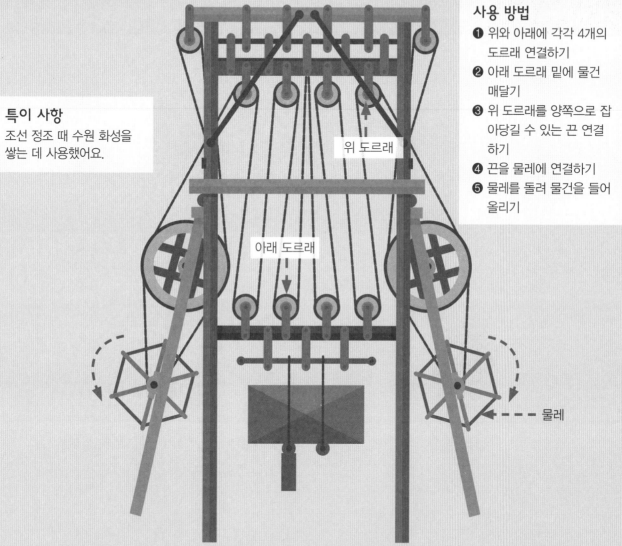

특이 사항
조선 정조 때 수원 화성을 쌓는 데 사용했어요.

위 도르래

아래 도르래

물레

사용 방법
❶ 위와 아래에 각각 4개의 도르래 연결하기
❷ 아래 도르래 밑에 물건 매달기
❸ 위 도르래를 양쪽으로 잡아당길 수 있는 끈 연결하기
❹ 끈을 물레에 연결하기
❺ 물레를 돌려 물건을 들어 올리기

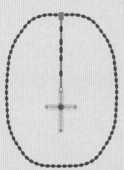

천주교 때문에 벌 받은 정약용의 형제들

조선 제22대 왕인 정조가 죽은 후 정조의 개혁에 반대하던 세력이 권력을 잡았어요. 이들은 정조가 아끼던 신하들을 탄압했어요. 1801년, 정약용과 그의 형제들은 천주교를 믿었다는 이유로 벌을 받았어요. 정약용의 셋째 형 정약종은 사형을 당하고, 정약용과 둘째 형 정약전은 지방으로 쫓겨났어요. 이렇게 천주교를 박해한 사건을 '신유박해'라고 해요.

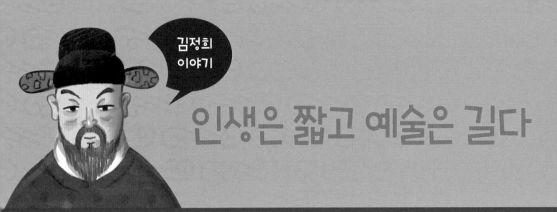

인생은 짧고 예술은 길다

차가운 겨울바람이 부는 제주도의 어느 허름한 초가집. 한 선비가 붓을 든 채 종이를 내려다보았어요.

그리고 붓을 움직여 집중해서 천천히 종이를 메워 나갔어요. 선비는 집과 소나무, 잣나무가 있는 그림을 완성했어요. 그리고 그림의 이름을 〈세한도〉라고 정했어요. 추운 시절의 그림이라는 뜻이었어요.

그림을 그린 사람은 조선의 학자 김정희였어요. 그림을 완성한 1844년 김정희는 정치 사건에 억울하게 휘말려 제주도에서 유배 생활을 하고 있었어요.

김정희는 좋은 집안에서 태어나 일찌감치 과거에 합격했고, 예술과 학문에 두루 뛰어나 많은 선비들의 존경을 받았어요. 이런 김정희에게 유배는 큰 시련이었지요. 가장 큰 어려움은 읽을 책이 부족한 것이었어요.

다행히 자기를 잊지 않고 책을 구해 제주도로 보내 준 사람이 있었어요. 바로 이상적이라는 제자였어요. 어려울 때 도와주는 사람이 진짜 친구라지요. 김정희는 이상적이 고마웠어요.

김정희가 〈세한도〉를 그린 것은 이상적에게 고마운 마음을 표시하기 위해서었어요. 그림에 소나무와 잣나무를 그린 것은, 김정희를 생각하는 이상적의 마음이 겨울에도 잎이 푸른 그 나무들과 닮았다고 생각했기 때문이에요.

그림을 받은 이상적은 큰 감동을 받았어요. 주변 사람들에게 그림을 보여 주자 모두가 그림을 칭찬했지요. 그리고 많은 사람이 〈세한도〉에 종이를 붙여 그림을 본 감상문을 적었어요.

그러나 세월이 흐르면서 〈세한도〉는 세상에서 사라졌어요. 〈세한도〉가 다시 모습을 드러낸 것은 일본이 조선을 지배하던 20세기 초였어요. 어느 일본인 학자가 우연히 골동품 가게에서 〈세한도〉를 발견한 거예요. 일본인 학자는 큰돈을 들여 〈세한도〉를 산 뒤, 일본으로 가져갔어요.

그러던 중 조선에서 사라진 〈세한도〉를 애타게 찾는 사람이 있었어요. 그는 어느 일본인 학자가 〈세한도〉를 가지고 있다는 소문을 듣고 일본으로 건너갔어요. 그리고 일본인 학자에게 오랜 기간 동안 호소했어요.

"〈세한도〉는 우리나라의 보물입니다. 그림값을 드릴 테니 저에게 주십시오."

간절한 호소에 감동을 받은 일본인 학자는 〈세한도〉를 조선 사람에게 주었어요.

영원히 일본 땅에 있었을지 모르는 이 소중한 그림은 이렇게 다시 우리나라로 돌아왔어요.

깨알 인물 정보

"인생은 짧고 예술은 길다."라는 말이 있어요. 〈세한도〉도 그렇습니다. 김정희는 죽은 지 오래되었지만 그가 남긴 〈세한도〉는 지금까지 조선을 대표하는 그림으로 남아 있지요.

김정희

그림, 시, 서예에 모두 뛰어난
조선의 학자

예술도 열심히!
공부도 열심히!

국가
조선

살았던 때
1786~1856년

직업
학자, 서예가, 정치가

성격
인자하고 정의로움.

별명
팔방미인

관심사
금석학* 연구하기, 책 읽기,
예술 작품 만들기

싫어하는 것
정치 다툼
(정치 사건으로 누명을 써
억울하게 유배 생활을
했어요.)

특기
시 쓰기, 서예, 그림 그리기

대표 작품
그림 〈세한도〉,
서예 〈추사체**〉,
책 《완당집》

인연이 있는 곳
제주도(제주도에서 9년
간 유배 생활을 했어요.
이곳에서 많은 예술 작
품을 남겼어요.)

**깨알
연계 정보**

*'금석학'이란 오래된 금속이나 비석에 새겨진 글자를 연구하는 학문이에요.

**'추사'는 김정희의 호예요. 김정희는 서예 실력을 쌓은 후 자기만의 글씨체를 만들었어요. 이 글씨
체를 김정희의 호를 따서 '추사체'라고 해요.

김정희가 남긴 작품들

〈세한도〉

〈세한도〉는 집 한 채를 중심으로 소나무와 잣나무가 서 있는 풍경을 그린 그림이에요. 잡다한 것은 생략하고 간결하게 주제를 표현했지요. 현재 국보 제180호로 지정되어 있어요.

추사체
서체는 글씨를 써 놓은 모양을 뜻해요. 추사체는 김정희가 다른 서체들의 장점만을 모아 새롭게 만들어 낸 서체예요.

글
평소에 쓴 시와 글을 모은 《완당집》과 금석학을 연구하며 쓴 글을 담은 《금석과안록》 등이 있어요.

〈김정희의 글씨〉 ⓒ국립중앙박물관

〈북한산 신라 진흥왕 순수비〉 ⓒ국립중앙박물관

북한산 진흥왕 순수비를 고증하다
'고증학'은 예전에 있던 사물의 시대나 내용 등을 밝혀 나가는 학문이에요. 진흥왕 순수비는 진흥왕이 개척한 영토를 직접 돌아다니면서 세운 비석으로, 진흥왕의 업적과 영토 확장 범위 등이 담겨 있어요. 현재까지 북한산, 황초령, 마운령, 창녕에 남아 있어요. 김정희는 그중 북한산과 황초령에 있는 진흥왕 순수비를 고증했어요.

야호! 정상이다

"헉! 헉!"

김정호가 가쁜 숨을 몰아쉬며 산길을 오르고 있었어요. 등에 괴나리봇짐을 진 김정호의 모습은 꾀죄죄했어요. 제대로 먹지 못해 볼은 푹 파였고, 옷은 때에 절어 있었지요.

김정호는 한 달 전 집을 떠났어요. 집안 형편이 좋지 않았던 탓에 여행 경비도 넉넉하지 않았지요. 숙박할 돈을 아끼려고 나무 밑에서 밤을 보낸 적도 많았어요.

김정호는 숨을 거칠게 내쉬면서도 뭐가 급한지 쉬지 않고 산길을 올랐어요. 힘이 들 때면 스스로에게 말했어요.

"조금만 참자! 정상이 눈앞이야."

한참을 걷던 김정호는 더 이상 오를 곳이 없는 지점에 이르렀어요. 정상이었어요. 정상에 오른 순간 김정호의 입이 확 벌어지고 눈이 번쩍 뜨였어요. 김정호의 발아래로 푸른 강과 꼬불꼬불한 길이 펼쳐져 있었어요.

김정호는 두 팔을 들고 소리쳤어요.

"야호! 정상이다."

김정호는 괴나리봇짐을 풀고 먹과 벼루, 종이를 꺼냈어요. 그러고는 독수리같이 날카로운 눈으로 사방을 둘러보며 산의 모습과 강줄기를 따라 그렸어요.

김정호는 지리책과 지도 만들기에 뛰어든 후 조선 땅 곳곳을 여행했어요. 정확한 지도를 만들려면 예로부터 내려오는 지리책과 지도를 보는 것 만으로는 부족했어요. 직접 가 보아야 했지요. 그래서 시간이 날 때마다 지리 조사 여행을 한 거예요.

산등성이 너머로 해가 지기 시작했어요. 산에서 내려가야 했어요. 김정호는 짐을 정리하고 산길을 내려가면서 혼잣말을 했어요.

"그동안 조선 땅 곳곳을 여행하며 정확한 지리 정보를 두 눈으로 확인했다. 이젠 내가 보고 기록한 걸로 조선에서 가장 정확한 지도를 만들어야지! 돌아가자. 얼른 돌아가서 지도를 만들자!"

깨알 인물 정보

수많은 지리 조사 여행을 한 김정호는 1834년에 〈청구도〉라는 지도를 만들었어요. 〈청구도〉에 담지 못한 정보가 많다고 생각한 김정호는 더 많은 지리 조사 여행을 했고, 1861년에 〈대동여지도〉라는 좋은 지도를 만들었어요.

김정호

〈대동여지도〉를 만든 조선
최고의 지리학자

**좋은 지도를
만들려면 많이
돌아다녀야 해!**

국가
조선

살았던 때
?~?년

직업
지리학자

성격
꼼꼼하고 끈기가 있음.

별명
조선 최고의 지리학자

관심사
지리 조사하기

싫어하는 것
정확하지 않은 지도

특기
지도 만들기

특이한 점
조선에서 가장 많은
지도를 만들었어요.

**김정호가 만든 대표
지도**
약 16만분의 1의 축척*
으로 만든 〈대동여
지도〉

**깨알
연계 정보**

*'축척'이란 지도에서의 거리와 실제 거리와의 비율을 말해요. 〈대동여지도〉의 축척이 약 16만분의 1
이라는 것은 실제 거리를 지도에서 약 16만분의 1의 비율로 축소해서 표시하였다는 뜻이에요.

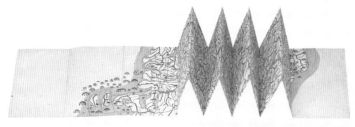

〈대동여지도〉 소개

- **만든 때:** 1861년
- **펼쳤을 때의 크기:** 세로 약 6.7m, 가로 약 3.8m
- **보관 방법:** 종이를 접어서 지도책 형식으로 보관
- **특징:** 각 마을의 이름과 산, 강 그리고 산에 설치한 군사 시설인 '봉수' 등 다양한 정보가 표시되어 있어요. 김정호가 만든 〈청구도〉를 27년 후에 수정, 보충해 만들었어요.

〈대동여지도〉ⓒ국립중앙박물관

〈대동여지도〉가 생긴 후 좋아진 점

군인
나라를 지키거나 전투 작전 짜는 것이 편리해졌어요.

상인
상품을 운반할 때 빠른 길을 찾아갈 수 있었어요.

여행자
처음 여행하는 곳도 편하게 갈 수 있었어요.

조선 시대에 지도를 만든 방법

마을, 길, 산과 강을 표시한 원도를 그린다.

원도를 나무판에 붙이고 칼로 새긴다.

새김 작업이 끝나면 그 위에 먹물을 칠한다.

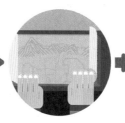

종이를 덮어 꼼꼼하게 눌러 인쇄한다.

종이를 묶어 제본한다.

참고: 〈대동여지도〉 같은 큰 지도는 지역을 수십 개로 나누어 각각 인쇄한 후, 인쇄된 종이를 묶어 책으로 만들었어요.

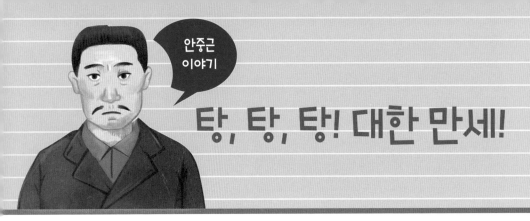

안중근
이야기

탕, 탕, 탕! 대한 만세!

1909년 10월 26일, 만주 북쪽에 있는 하얼빈 역의 아침은 쌀쌀했어요. 그러나 안중근은 춥다는 생각이 들지 않았어요. 가슴이 뛰고 손에서 땀이 났지요. 긴장했기 때문이에요.

한 달 전 이토 히로부미가 만주에 온다는 신문 기사를 보던 날도 이와 같이 가슴이 뛰었어요. 안중근은 급히 독립운동가들과 비밀 모임을 열었어요.

"이토 히로부미를 처단하라고 하늘이 주신 기회입니다."

이날 안중근과 세 명의 독립운동가는 이토 히로부미 저격 계획을 세웠어요. 이토 히로부미가 도착하는 하얼빈 역에서 공격한다는 계획이었어요.

하얼빈 역의 시계가 9시 30분을 가리킬 무렵, 안중근은 이토 히로부미를 환영하기 위해 나온 사람들 사이에 서 있었어요.

잠시 후 열차 안에서 회담을 마치고 나온 이토 히로부미가 모습을 드러냈어요.

안중근은 이토 히로부미를 발견하고 눈을 부릅떴어요.

이토 히로부미는 군인들의 경례를 받은 후 일반인 환영객 쪽으로 방향을 틀었어요.

'이때다!'

안중근은 외투 안으로 손을 넣었어요. 그리고는 딱딱하고 무거운 물건을 손에 쥐었어요.

권총이었어요. 손을 외투 안에 넣은 채로 안중근은 군인들을 제치고 앞으로 나갔어요.

번개처럼 빠른 동작이었어요. 안중근은 순식간에 권총을 뽑아 들고 이토 히로부미 앞에 섰어요. 탕, 탕, 탕! 세 발의 총알이 이토 히로부미에게 명중했어요.

이토 히로부미가 쓰러지자 안중근은 소리쳤어요.

"대한 만세! 대한 만세!"

순식간에 일어난 일에 잠시 넋이 나갔던 군인들이 안중근에게 달려들었어요. 안중근은 도망가지 않고, 당당한 모습으로 체포되었어요. 자신이 한 일이 조선의 독립은 물론 동양의 평화를 위해 벌인 옳은 일이라고 확신했기 때문이에요.

이날 조선 침략의 일본 우두머리인 이토 히로부미는 죽었어요.

깨알 인물 정보

일본은 재판에서 안중근에게 사형 선고를 내렸어요. 안중근은 1910년 3월 26일, 32세의 나이로 중국 뤼순 감옥에서 눈을 감았어요. 안중근의 애국적인 행동은 조선의 백성들에게 많은 용기를 주었고, 지금도 많은 사람에게 존경받아요.

안중근

이토 히로부미를 죽인
독립운동가

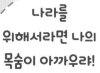

나라를
위해서라면 나의
목숨이 아까우랴!

시대
조선~대한 제국

살았던 때
1879~1910년

직업
독립운동가

성격
올곧으며 불의를
참지 못함.

별명
조선의 영웅, 동양의 영웅
(조선과 동양의 평화를 위해
몸을 바쳤어요.)

관심사
조선에서 일본을 몰아내기,
조선의 독립, 동양의 평화

싫어하는 것
다른 나라를 지배하는
일본의 야욕

호칭
안중근 의사*

특기
사격술(청년 시절에 고
향에서 사냥을 하면서
사격술을 익혔어요. 이
때 익힌 사격술이 이토
히로부미 저격에 도움이
되었어요.)

안중근의 독립운동
1. 1906년, 국민들의 독
립심을 키우려고 학교를
세워 경영했어요.
2. 1907년, 조선에서 일
본을 몰아내려고 의병
운동에 참여했어요.
3. 1909년, 이토 히로부
미를 저격했어요.

깨알
연계 정보

*'의사(義士)'란 나라와 민족을 위해 몸을 바친 사람을 뜻해요. 비슷한말로 '열사(烈士)'가 있어요.
나라를 위해 충성을 바친 사람을 칭송하여 부를 때 이름 뒤에 '의사'나 '열사'를 붙여요.

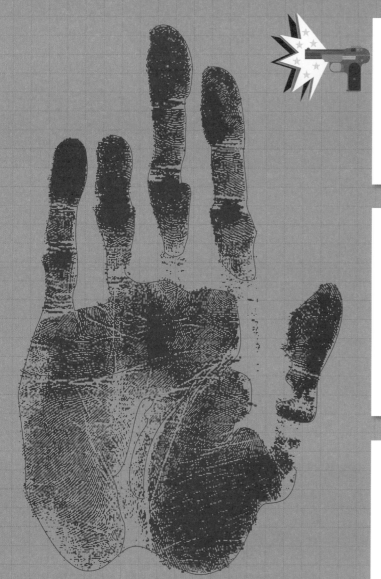

안중근의 이토 히로부미 저격

때: 1909년 10월 26일 아침 9시 30분경
장소: 중국 만주 지역에 있는 하얼빈의 기차역
무기: 권총
결과: 권총 세 발이 적중해 이토 히로부미가 현장에서 죽음.

조선의 원수, 이토 히로부미

1905년, 일본은 강제로 조선의 외교권을 빼앗는 조약을 맺었어요. 이 조약을 '을사조약'이라고 해요. 이후 일본은 조선에 통감을 두어 정치 전반을 간섭했어요. 조선에서 을사조약 체결을 주도하고, 첫 번째 통감이 된 사람이 바로 이토 히로부미예요. 그래서 조선 사람들은 이토 히로부미를 원수로 여겼어요.

손가락에 담긴 비밀

이 손은 안중근의 왼손을 그린 것이에요. 그림을 자세히 보면 네 번째 손가락의 길이가 짧아요. 1909년, 안중근은 11명의 독립운동가들과 함께 비밀 결사를 조직했어요. 이때 저마다 손가락을 잘라 독립운동에 목숨을 바치겠다는 맹세를 했어요.

목숨을 바친 독립운동가들

나석주

때: 1926년 12월 28일
계획: 일본이 세운 조선 식산 은행과 동양 척식 주식회사를 폭파하기
결과: 폭탄이 터지지 않아 실패

이봉창

때: 1932년 1월 8일
계획: 일본 도쿄에서 일본 국왕 처단하기
결과: 수류탄이 빗나가 처단 실패

윤봉길

때: 1932년 4월 29일
계획: 중국 상하이의 훙커우 공원에서 일본군 처단하기
결과: 폭탄이 적중하여 일본군 처단 성공

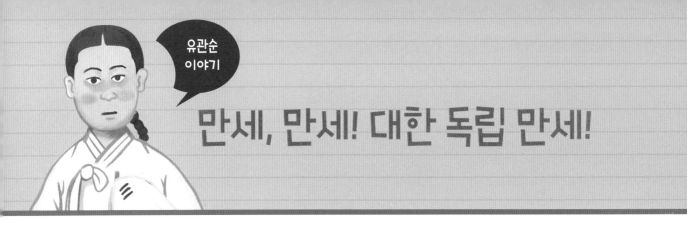

만세, 만세! 대한 독립 만세!

"3월 1일 서울에서 만세 운동이 일어났어요! 수많은 사람이 모여서 대한 독립 만세를 외쳤어요."

"그게 참말이여?"

고향인 충청남도 천안에 도착한 유관순은 고향 사람들에게 3월 1일에 있었던 만세 운동을 알렸어요. 그러고는 천안에서도 만세 운동을 벌일 것을 제안했어요.

"우리도 뜻을 모아 독립 만세 운동을 벌여요! 전국 곳곳에서 만세 운동을 벌이면 독립을 앞당길 수 있을 거예요."

그때 한 사람이 말했어요.

"그럼 천안 근처 마을에도 참여를 호소해야 할 텐데, 누가 이 일을 할 거요?"

유관순이 손을 들었어요.

"제가 하겠습니다."

156

그렇게 유관순과 천안 사람들은 천안에서 독립 만세 운동을 벌일 계획을 짰어요. 날짜는 4월 1일로 정했고, 장소는 사람들이 많이 모이는 아우내 장터로 정했어요.

이튿날 유관순은 여러 마을을 돌아다니며 만세 운동에 참여할 것을 호소했어요.

4월 1일이 되었어요. 아우내 장터에 사람들이 하나둘 모여들었어요. 천안 사람뿐만 아니라, 유관순의 호소에 참여를 결심한 다른 지역 사람들도 있었어요.

수천 명이 모여 함께 '대한 독립 만세'를 외치기 시작했어요.

잠시 뒤, 일본 경찰이 나타났어요. 일본 경찰은 총을 꼬나들고 협박했어요.

"죽기 싫으면 당장 해산하라!"

앞자리에 있던 유관순이 소리쳤어요.

"일본은 조선 땅에서 물러가라!"

다른 사람들도 유관순을 따라 목청껏 외쳤어요. 잠시 후 탕 소리가 났어요. 일본 경찰이 총을 쏜 거예요. 탕, 탕, 탕! 몇 사람이 더 쓰러졌어요. 그래도 조선 사람들은 물러서지 않았어요.

"일본은 물러가라! 만세, 만세! 대한 독립 만세!"

깨알 인물 정보

일본 경찰은 이날 유관순의 부모를 죽였고, 유관순을 체포했어요. 유관순은 재판에서 3년형을 선고받았어요. 하지만 유관순은 감옥에서도 독립운동을 멈추지 않았어요. 그러자 일본은 유관순을 혹독하게 고문했고, 이듬해 유관순은 감옥에서 죽고 말았어요.

유관순

3·1 운동에 적극 참여한 독립운동가

독립 국가의 국민으로 살고 싶다!

시대
대한 제국~일제 강점기*

살았던 때
1902~1920년

고향
충청남도 천안

직업
독립운동가

성격
의지가 강하고 소신이 뚜렷함.

관심사
나라의 독립

싫어하는 것
일본의 지배, 일본 경찰

호칭
유관순 열사

독립운동에 참여한 때
1919년

참여한 독립운동
3·1운동, 천안에서 일어난 독립 만세 시위

죽을 때의 신분
이화 학당 학생
(학당이란 조선 시대 말기에 있었던 학교를 뜻하는 말이에요.)

죽은 곳
서대문 형무소

죽은 이유
일본의 고문으로 몸이 약해져서

깨알
연계 정보

*일제 강점기는 우리나라가 일본 제국주의에 의하여 식민 통치를 당한 시기를 말해요. 1910년 국권을 빼앗긴 때부터 1945년 광복을 맞기까지 총 35년간이에요.

우리나라의 국화

ⓒ행정자치부

무궁화의 뜻
영원히 피고 또 피어서
지지 않는 꽃

3·1 운동이 일어나다

3·1 운동은 일본으로부터 자주적으로 독립하기 위해 일으킨 운동으로, 1919년 3월 1일에 일어났어요. 서울에서 시작된 3·1 운동은 전국으로, 나라 밖으로 빠르게 퍼져 나갔어요. 지방에서 일어난 만세 운동 중 대표적인 것이 바로 천안에서 일어난 독립 만세 시위예요.

3·1 운동의 과정과 결과

• 처음 일어난 곳: 서울 탑골 공원
• 3·1 운동의 확산: 서울 → 지방 → 국외
• 일본의 반응: 일본의 경찰과 군대가 무력으로 강제 진압했어요. 이로 인해 7,509명이 사망하고 15,961명이 부상당했어요.
• 결과: 우리 민족의 독립운동 의지가 더 강해졌어요. 또 조직적인 독립운동을 위해 1919년 중국 상하이에 대한민국 임시 정부가 생겼어요.

유관순 수형 기록표

일본은 많은 독립운동가를 감옥에 가두었어요. 그중 서울의 서대문 형무소는 일본이 독립운동가를 탄압하기 위해 만든 대표적인 감옥이에요. 3·1 운동 때는 무려 3천여 명의 독립운동가가 감옥살이를 하기도 했어요. 유관순도 재판을 받은 후 이곳에 갇혔어요. 이 기록표는 유관순이 서대문 형무소에 갇혔을 당시 만든 수형 기록표예요.

우리나라 국기 – 태극기

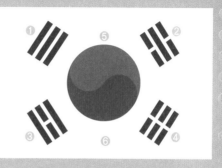

❶ 건괘: 하늘을 상징
❷ 감괘: 물을 상징
❸ 이괘: 불을 상징
❹ 곤괘: 땅을 상징
❺ 태극 문양: 자연의 이치 상징
❻ 흰 바탕: 순수와 평화를 상징

이제부턴 정신력 싸움이다!

1936년 8월 9일, 제11회 베를린 올림픽 마라톤 경기장에 긴장감이 돌았어요.

"곧 경기를 시작하겠습니다. 선수들은 출발선에 서 주십시오."

세계 각국에서 온 선수들이 출발선에 섰어요. 그중에는 조선에서 온 두 명의 육상 선수도 있었어요. 바로 손기정과 남승룡이에요.

손기정은 곁에 있는 남승룡의 손을 잡으며 말했어요.

"승룡아! 세계에 조선 청년의 씩씩함을 보여 주자."

"물론이지. 기정이, 너도 열심히 뛰렴."

하지만 손기정과 남승룡은 일본 선수로 경기에 참가할 수밖에 없었어요. 당시 조선은 일본의 지배를 받고 있었기 때문이에요. 태극기를 가슴에 달지 못하고 뛰는 것. 그것은 나라 잃은 육상 선수가 겪어야 하는 서러움이었어요.

"탕!"

출발을 알리는 총소리가 경기장을 울렸어요. 손기정은 자기보다 다리가 훨씬 긴 외국 선수들과 함께 앞으로 달려 나갔어요.

경기 초반에는 많은 선수들이 엄청난 속도로 달리기 시작했어요. 하지만 손기정은 동요하지 않고 자신의 속도를 잃지 않았어요. 5km 지점에 다다르자 여기저기서 기권하는 선수들이 나타났어요.

달리고 또 달리자 반환점이 보였어요. 처음 반환점을 돈 선수는 아르헨티나의 자발라였어요. 손기정은 2위로 반환점을 돌았어요.

온몸에서 땀이 비 오듯 쏟아졌어요. 손기정은 이를 악물고 달리며 생각했어요.

'이제부턴 정신력 싸움이다!'

반환점을 돈 손기정은 속도를 내기 시작했어요. 잠시 후 손기정의 눈에 자발라가 보였어요. 그런데 약 30km 지점을 지나자, 초반부터 빠른 속도로 달리던 자발라가 고통을 이기지 못하고 경기를 포기하고 말았어요.

이제 손기정 앞에서 달리는 선수는 아무도 없었어요. 하지만 손기정은 자만하지 않았어요. 손기정은 생각했어요.

'드디어 선두다. 나의 우승을 간절히 바라는 조선 사람들을 생각해서라도 계속 달리자!'

잠시 후 마라톤 경기장에서 경기를 중계하는 아나운서가 소리를 질렀어요.

"1등 선수가 들어오고 있습니다! 바로 손기정 선수입니다."

손기정은 이를 악물고 결승선을 향해 발을 내디뎠어요. 50m, 40m …… 3m, 2m, 마침내 결승선을 통과했어요.

1등으로 결승선을 통과한 순간, 손기정의 머리에서 메아리가

울려 퍼졌어요.

'만세! 만세! 내가 해냈다.'

깨알 인물 정보

이 경기에서 남승룡은 3등을 했어요. 손기정과 남승룡은 은퇴한 후 육상 지도자가 되어 어린 선수들을 가르쳤어요. 1947년에는 손기정의 제자인 서윤복 선수가 미국의 보스턴 마라톤 경기에서 우승을 차지하기도 했어요.

손기정

베를린 올림픽에서 금메달을
딴 마라톤* 선수

금메달을 따서
조선 청년의 늠름함을
보여 줄 거야!

시대
일제 강점기~대한민국

살았던 때
1912~2002년

직업
마라톤 선수, 육상 지도자

성격
끈기가 있고 도전 정신이 강함.

별명
조선 민족의 체육 영웅

관심사
기록 단축하기

싫어하는 것
일본이 조선 사람을 차별하는 것

특기
강한 체력과 정신력

382

**기록 단축을 위해
한 일**
손기정은 육상 선수가
된 후 매일 새벽에 일어
나, 다리에 모래주머니
를 차고 산길을 달리며
다리의 힘을 키웠어요.

금메달을 딴 때
1936년 베를린 올림픽

우승 기록
2시간 29분 19초
(당시 세계 신기록)

**금메달을 딴 후에
한 일**
육상 지도자가 되어 선
수들을 양성했어요.

**깨알
연계 정보**

*마라톤은 42.195km를 달리는 장거리 육상 경기예요. 기원전 490년 아테네의 용사가 전쟁에서 이겼
다는 소식을 알리기 위해, 마라톤에서 아테네까지 달려왔다는 데서 유래했어요. 마라톤은 강한 정신
력과 체력이 필요한 종목이기 때문에 우승자뿐만 아니라 끝까지 달려서 결승선에 들어오는 사람까지
큰 박수를 받아요.

조선 민족의 체육 영웅

일제 강점기에 일본은 조선 사람들이 저항하지 못하게 하려고 "조선 사람은 약하다."라는 사상을 퍼뜨렸어요. 또, 조선 사람을 차별하는 정책을 폈어요. 하지만 손기정은 일본 선수들을 물리치고 올림픽에 나가 금메달을 땄어요. 이 일은 일본에 시달리는 조선 사람들에게 큰 용기와 희망을 주었어요.

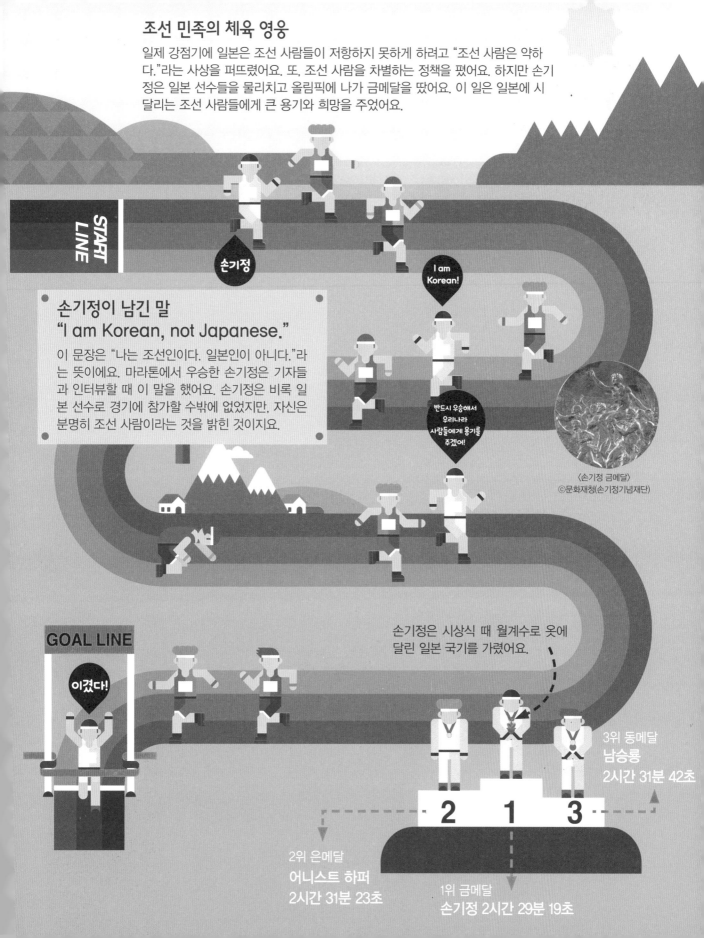

START LINE

손기정

I am Korean!

반드시 우승해서 우리나라 사람들에게 용기를 주겠어!

손기정이 남긴 말
"I am Korean, not Japanese."

이 문장은 "나는 조선인이다. 일본인이 아니다."라는 뜻이에요. 마라톤에서 우승한 손기정은 기자들과 인터뷰할 때 이 말을 했어요. 손기정은 비록 일본 선수로 경기에 참가할 수밖에 없었지만, 자신은 분명히 조선 사람이라는 것을 밝힌 것이지요.

〈손기정 금메달〉
ⓒ문화재청(손기정기념재단)

GOAL LINE

이겼다!

손기정은 시상식 때 월계수로 옷에 달린 일본 국기를 가렸어요.

2   1   3

2위 은메달
어니스트 하퍼
2시간 31분 23초

1위 금메달
손기정 2시간 29분 19초

3위 동메달
남승룡
2시간 31분 42초

"자! 선물. 내가 만든 시집이야."

1941년 윤동주가 후배 정병욱에게 공책을 건넸어요. 공책에는 윤동주가 직접 쓴 19편의 시가 실려 있었어요.

윤동주가 환한 얼굴로 말했어요.

"세 권을 만들었어. 교수님 한 권, 자네 한 권 그리고 나 한 권."

당시에는 시집을 만드는 건 커다란 모험이었어요. 조선을 지배하던 일본은 신문, 잡지, 책 속에 일본을 비판하는 내용이 있는지 감시했어요. 비록 학생이 낸 시집 이었지만 일본 경찰이 알 경우 윤동주를 조사할 게 뻔했어요. 그럼에도 윤동주는 시집을 만들었어요. 시 쓰기를 좋아했고, 자기가 좋아하는 사람들에게 시집을 선물 하고 싶었거든요.

후배가 말했어요.

"선배님, 고맙습니다. 잘 보관할게요."

시간이 흘러 윤동주는 일본으로 유학을 떠났어요.

당시 미국과 전쟁을 벌이던 일본은 병사가 모자라자, 많은 조선 청년들을 전쟁터로 끌고 갔어요. 시집을 선물 받은 윤동주의 후배도 전쟁터에 끌려가게 되었어요. 후배는 집을 떠나기 전 윤동주의 시집을 자기 어머니에게 잘 보관해 달라고 부탁했어요.

얼마 후, 후배는 다행히 살아서 조선으로 돌아왔어요. 하지만 유학을 떠났던 윤동주는 돌아오지 못했어요. 일본에서 독립운동을 하다가 체포되었기 때문이에요.

일본 판사는 윤동주에게 징역 2년을 선고했어요. 윤동주는 감옥에서 고통스러운 시간을 보냈어요. 시도 쓸 수 없었고 책도 읽을 수 없었지요.

윤동주의 몸은 갈수록 약해졌어요. 결국 윤동주는 1945년 2월, 조선이 일본 지배에서 해방되는 것을 보지도 못하고 죽고 말았어요.

윤동주가 죽었다는 소식을 들은 후배는 깊은 슬픔에 빠졌어요.

"마음껏 시를 써 보지도 못하고……. 아! 선배님, 그렇게 먼저 가시면 어떡합니까?"

1948년, 윤동주는 비록 죽었지만 윤동주의 시는 다시 살아났어요. 후배는 잘 보관했던 윤동주의 시를 모아 출판사로 보냈어요. 출판사는 《하늘과 바람과 별과 시》라는 제목으로 시집을 펴냈어요.

깨알 인물 정보
윤동주가 지은 시는 교과서에 실릴 정도로 높은 평가를 받았어요. 또 윤동주를 기념하는 〈윤동주 문학상〉도 있어요. 매년 좋은 시를 쓴 시인에게 주는 상이지요.

윤동주
민족혼*을 일깨우고 일본에
저항한 시인

나한테 주어진
길을 걸어가야겠다.

시대
일제 강점기

살았던 때
1917~1945년

직업
시인

성격
순수하고 의지가 강함.

별명
민족 시인, 저항 시인
(민족 시인은 우리 민족을
대표하는 시인이라는 뜻이
에요.)

관심사
시 쓰기, 조국의 독립

싫어하는 것
일본의 조선 지배

시를 쓰기 시작한 때
중학생 시절

시집을 출판한 때
1941년 대학을 졸업할
때 출판하려고 했으나,
일본의 탄압을 걱정하는
주변 사람들의 만류로
실패했어요. 이후 1948
년 후배와 동생이 유고
** 시집을 출판했어요.

시집 이름
《하늘과 바람과 별과
시》

대표 작품
〈서시〉, 〈자화상〉

죽은 곳
일본 후쿠오카 형무소
(1943년 독립운동을 하
다 일본 경찰에게 체포
돼, 2년간 옥살이를 하
다 죽었어요.)

깨알
연계 정보

*'민족혼'이란 한 민족이 지닌 고유한 정신이란 뜻으로, '민족정신'과 비슷한 말이에요. 윤동주는 민족혼을 일깨워 주는 작품을 많이 남겼어요.

**'유고'란 죽은 사람이 살아 있을 때 써서 남긴 원고를 뜻해요.

윤동주의 〈서시〉 감상하기

서시

죽는 날까지 하늘을 우러러
한 점 부끄럼이 없기를,
잎새에 이는 바람에도
나는 괴로워했다.
별을 노래하는 마음으로
모든 죽어 가는 것을 사랑해야지.
그리고 나한테 주어진 길을
걸어가야겠다.

오늘 밤에도 별이 바람에 스치운다.

해설: 이 시는 양심에 따라 정직하고 순수하게 살아가겠다는 윤동주의 뜻을 표현한 시예요.

윤동주가 민족 시인으로 존경받는 이유

• 일본의 탄압 속에서도 독립의 희망을 담은 시를 썼어요.
• 시를 통해 많은 사람에게 희망과 용기를 주었어요.
• 독립운동에 참여하여 나라 사랑을 실천하였어요.

독립운동에 몸 바친 민족 시인들
독립을 염원하는 시를 쓰며, 독립운동을 한 시인들이에요.

이육사
시인
〈청포도〉 등과 같은 시를 썼어요.

한용운
시인, 승려, 독립운동가
《님의 침묵》 등과 같은 시집을 남겼어요.

이상화
시인
〈빼앗긴 들에도 봄은 오는가〉 등과 같은 시를 썼어요.

반드시 우리 힘으로 일본을 몰아내야 합니다!

"김구 선생님! 일본이 연합국과 전쟁을 할지도 모른다고 합니다."

한 청년이 대한민국 임시 정부 주석인 김구에게 말했어요.

"연합국과 일본이? 우리로선 잘된 일이군."

"잘된 일이라고요?"

"군사력에서 일본은 연합국의 상대가 안 되거든. 일본은 질 거야. 일본이 지면 그때 우리나라는 해방의 기회를 맞을 걸세."

1910년 일본은 조선을 식민지로 만들었어요. 이후 더 많은 땅을 차지하고 싶었던 일본은 1937년에 중국과 전쟁을 시작했어요.

대한민국 임시 정부의 최고 지도자인 김구! 김구는 명성 황후를 시해한 일본군을 응징하기도 했고, 학교를 세워 백성들을 올바로 깨우치기도 했어요. 이후 1919년 김구는 중국에서 대한민국 임시 정부를 세우는 데 힘을 보탰고, 해방이 되기까지 평생을 독립운동에 몸을 바쳤어요. 어느새 김구는 60대의 노인이 되어 있었어요.

일본과 연합국의 전쟁 소식을 들은 김구는 한편으론 걱정이 생겼어요. 연합국이 전쟁에서 일본을 물리친 결과로 해방이 될 경우, 다시 연합국의 간섭을 받는 처지가 될지도 모른다는 걱정이었어요.

김구는 임시 정부 지도자들에게 말했어요.

"일본을 몰아내는 데 강대국의 힘을 의지해선 안 됩니다. 반드시 우리 힘으로 독립해야 합니다. 그러려면 군대를 조직해 우리 힘으로 조선 땅에서 일본을 몰아내야 합니다."

임시 정부 지도자들은 김구의 뜻에 따랐어요. 임시 정부는 중국에서 군사를 모으고 훈련을 했어요. 이로 인해 한국광복군이라는 군대를 갖춘 임시 정부는 한반도로 건너가 일본을 몰아내려는 계획을 세웠어요.

그런데 이게 웬일입니까? 1945년 미국의 원자 폭탄 공격을 받은 일본이 갑자기 항복해 버렸어요. 일본이 항복하면서 일본군은 조선 땅에서 물러나게 되었어요. 김구가 그토록 바라던 해방이 된 거예요.

하지만 김구는 해방이 기쁘기도 했지만, 아쉽기도 했어요. 김구는 이렇게 탄식했어요.

"아! 우리의 힘으로 일본을 몰아냈어야 하는데 그러질 못했다. 강대국의 간섭으로 또 우리 민족이 시련을 당할까 그것이 걱정이다."

깨알 인물 정보 김구의 걱정은 현실이 되었어요. 일본을 물리친 연합국인 미국과 소련이 우리나라를 임시로 통치하기로 했으니까요. 얼마 후 한반도는 남북으로 분단되어 두 개의 나라로 쪼개졌어요.

김구

평생 나라의 독립과 통일에
힘쓴 독립운동가

우리나라는 반드시 독립하여야 한다.

시대
조선~대한민국

살았던 때
1876~1949년

직업
독립운동가, 정치가

성격
정의롭고 꼿꼿함.

별명
민족 지도자, 겨레의 스승

관심사
조국의 독립과 통일

싫어하는 것
조선을 지배하는 일본,
남북 분단

대표적인 관직
대한민국 임시 정부*의
주석**

쓴 책
김구는 자서전《백범일
지》를 썼어요. '백범'은
김구의 호예요.《백범일
지》에는 김구의 사상과
독립운동 이야기가 자세
하게 실려 있어요.

《백범일지》
©문화재청(김구재단, 백범기념관)

**깨알
연계 정보**

*'대한민국 임시 정부'는 대한민국의 광복을 위해 1919년 중국 상하이에서 임시로 조직한 정부예요.

**'주석'이란 국가의 최고 직위에 있는 사람을 뜻해요.

독립운동의 중심이 된 대한민국 임시 정부

- 생긴 때: 1919년 4월
- 위치: 중국의 상하이 → 항저우 → 전장 → 충칭
- 세운 이유: 통합된 하나의 정부를 세워 좀 더 강력하게 독립운동을 하기 위해서
- 중국에 세운 이유: 조선은 일본의 탄압이 심했기 때문에
- 대표 업적: 국내외의 독립운동을 주도하고, 외교 활동과 독립 국가를 세울 준비를 했어요.

©독립기념관

임시 정부 요인들이 광복 후 귀국을 기념하여 찍은 사진이에요. 김구는 첫 번째 줄 오른쪽에서 다섯 번째에 있어요.

감격적인 광복

1945년 8월 15일, 제2차 세계 대전에서 일본이 연합군에게 항복하자, 우리나라는 일본의 지배에서 벗어나 광복을 맞이했어요.

가슴 아픈 남북 분단

남북 북단이란 한반도가 남한과 북한 두 나라로 나눠진 걸 뜻해요. 광복 후 우리나라는 정부를 세우기 위해 노력했지만, 다양한 생각을 하나로 모으지 못했어요. 또한 북위 38도선을 기준으로 남쪽에는 미군이, 북쪽에는 소련군이 머무르게 되었어요. 김구는 계속하여 한반도에 통일된 하나의 정부를 세우기 위해 노력했지만, 반대파의 저항으로 아무런 성과를 거두지 못했어요. 그 결과 한반도 남쪽에는 민주주의를 따르는 대한민국 정부가 세워졌고, 북쪽에는 공산주의를 따르는 정부가 세워지면서 한반도는 남북으로 분단되고 말았어요.